Michael Schindler/Oliver Schütz
Halte die Regel und die Regel hält dich

Michael Schindler/Oliver Schütz

Halte die Regel und die Regel hält dich

Lebenswissen aus Ordensregeln

Gottes Segen zum

Geburtstag 2017

Matthias-Grünewald-Verlag

verlags Der Matthias-Grünewald-Verlag
gruppe ist Mitglied der
engagement Verlagsgruppe engagement

Umschlaggestaltung: Finken & Bumiller, Stuttgart
Umschlagfoto: K. Finken
Gesamtherstellung: Matthias-Grünewald-Verlag, Ostfildern
Hergestellt in Deutschland

ISBN 978-3-7867-2778-1

Inhalt

Einleitung

»Halte die Regel und die Regel wird dich halten« lautet ein alter lateinischer Sinnspruch: »Serva ordinem et ordo servabit te.« Er bringt die Erfahrung zum Ausdruck, dass menschliches Leben Struktur und Ordnung braucht. In früheren Zeiten war das persönliche Verhalten weitgehend durch die Gesellschaft vorgegeben. Heute lassen die gesetzliche Ordnung und die gesellschaftlichen Konventionen einen viel größeren Spielraum für die persönliche Lebensgestaltung zu. Dieser Gestaltungsraum bringt es mit sich, dass wir auf die Suche gehen und für uns selbst entscheiden müssen, welche Regeln wir unserem eigenen Leben zugrunde legen wollen. Dabei können wir auf Erfahrungen zurückgreifen, die Menschen vor uns gemacht und in bewährte Lebensregeln gefasst haben.

Eine Quelle der Orientierung sind die Regeln der großen Ordensgemeinschaften. Sie bieten geistliche Lebenshilfe, nicht nur Vorschriften. Darum sind sie eine Fundgrube voll erprobten Lebenswissens. Gleichzeitig fordern sie zum Nachdenken über den eigenen Lebensentwurf heraus. Wer sie liest, kann sich darin »wie in einem Spiegel inspizieren«, wie es der heilige Augustinus am Ende seiner Regel formuliert. Denn vor dem Hintergrund der Ordensregeln werden uns die mehr oder weniger offensichtlichen Regeln unseres Lebens bewusst. Die Texte stellen uns die provozierende Frage, ob unser Leben wirklich so verlaufen soll, wie wir es führen. Sie motivieren uns, an der einen oder anderen Stelle die eingefahrenen Bahnen zu verlassen und einen neuen Weg einzuschlagen. Sie regen an zu testen, ob wir überhaupt die Kraft und den Mut für Veränderungen haben.

Ordensregeln beschreiben einen ganz eigenen Lebensweg. Es geht um ein Leben, das in einer besonderen Weise Gott gewidmet und in eine entsprechende Gemeinschaft eingebunden ist. Manches daran ist außerhalb des Klosters kaum nachvollziehbar und uns deswegen fremd. Die Regeln enthalten aber auch Einsichten, die uns bei der Bewältigung unseres Lebens helfen können. Im Kloster kommen die Schwestern und Brüder täglich im Kapitelsaal zusammen, um ein Kapitel aus ihrer Ordensregel zu hören. Sie rufen sich so die Grundregeln ihres Lebens ins Gedächtnis. Dieses Buch ist wie ein solcher Kapitelsaal. Seite für Seite, Tag für Tag hält es Inspirationen und Herausforderungen bereit. Es ist ein geistliches Lesebuch mit einer kleinen Auswahl von Sätzen aus ganz unterschiedlichen Ordensregeln. Zugrunde liegen die Regeln von bekannten Ordensgründern und großen Klostergemeinschaften. Der Bogen spannt sich von der ersten abendländischen Regel des heiligen Augustinus und der ostkirchlichen Regel von Basilius dem Großen über die klassische Benediktsregel und die Regeln der im Mittelalter gegründeten Orden des heiligen Franziskus und der heiligen Klara zu den Konstitutionen der Jesuiten und den modernen Regeln der Kleinen Brüder Jesu und der Gemeinschaft von Taizé. Kurze Einführungen in diese Schriften finden sich am Ende des Buches. Aus diesen Dokumenten haben wir Abschnitte ausgewählt, die etwas Hilfreiches für ein Leben in der modernen Welt aussagen. Eine Deutung dieser Texte für heute wird daneben gestellt. Die Überschriften geben das zentrale Thema der jeweiligen Doppelseite wieder. Da die Impulse in sich abgeschlossen sind, können sie in beliebiger Reihenfolge gelesen werden.

Übung macht den Meister. Klosterleben ist ständiges Einüben. Gebete und Gebote, Regeln und Rituale sinken durch Wiederholung tief ein. Einmaliges Hören einer Einsicht oder eines Textes reichen selten aus, um unser Verhalten zu ändern. Wir müssen die Dinge wiederholen. Wir müssen sie auch exerzieren, einüben. Der Begriff Exerzitien ist zur Bezeichnung für geistliche Übungen geworden. Jedes Kapitel dieses Buches endet mit einem »Exerzitium«, einem Vorschlag, wie die Einsichten aus dem Text im Alltag eingeübt werden können. Dabei helfen einige Grundsätze:

Setzen Sie sich ausgehend von der Anregung im Exerzitium ein konkretes Ziel, das Sie erreichen möchten und das auch realistisch erreichbar ist. Dann gilt es, einzelne Schritte auf dieses Ziel hin festzulegen und sich einen Zeitrahmen zu geben. Wichtig ist, diesen Prozess auch zu reflektieren. Dabei kann man entweder für sich selbst und möglichst schriftlich Beobachtungen formulieren oder im Gespräch mit einer Person des Vertrauens. Es ist sinnvoll, das Exerzitium bewusst abzuschließen. Die Suche nach Lebenswissen aus dem Kloster kann stets im Gebet vor Gott gebracht werden, im Vertrauen auf Gottes Begleitung.

Allen, die sich diesem Lebenswissen nähern und es hier und da im Alltag lebendig werden lassen wollen, möchten wir einen Gedanken aus den Schlussworten der Augustinusregel mit auf den Weg geben: »Gebe euch der Herr, dass ihr diese Regeln mit Liebe beachtet, verliebt in ihre spirituelle Schönheit. Dann werdet ihr durch eure gute Lebensweise den Glanz Christi ausstrahlen und leben, nicht wie Sklaven der Regeln, sondern in der Freiheit, die euch geschenkt ist«.

MICHAEL SCHINDLER UND OLIVER SCHÜTZ

Anerkennung

Daher bitte ich in der Liebe, die Gott ist, alle meine Brüder, die predigen, beten und arbeiten, dass sie danach trachten, in allem demütig zu sein. Sie sollen sich nicht rühmen, nicht selbstgefällig sein und auch nicht überheblich werden wegen guter Worte und Werke, überhaupt wegen gar nichts Gutem, das Gott bisweilen in ihnen und durch sie tut oder spricht oder wirkt. Und alles Gute wollen wir dem Herrn, dem erhabensten und höchsten Gott, zurückerstatten und alles Gute als sein Eigentum anerkennen und ihm für alles Dank sagen, von dem alles Gute herkommt.

AUS DER FRANZISKUSREGEL

Schon die alten Orden wie zum Beispiel die Benediktiner haben auf die Demut großen Wert gelegt. Dennoch sind sie reich und mächtig geworden. Darauf reagierten die Armutsbewegungen, aus denen die Orden der Franziskaner und Klarissen hervorgegangen sind. Für Franziskus waren großer Besitz und gesellschaftliches Prestige deshalb von Übel, weil sie den Menschen von Gott, seinem Schöpfer entfernen können. Er war überzeugt, dass alles, was ist – die Schöpfung, aber eben auch das Gute, was der Mensch selbst vollbringt –, aus Gott kommt. Der Mensch ist nicht autark, sondern kann im besten Falle ein Spiegel der Liebe und der Fülle Gottes sein.

Für den Menschen heute ist es entscheidend anerkannt zu sein. Oft werden Menschen getrieben vom Hunger nach Anerkennung. Und gleichzeitig machen sie die Erfahrung, dass dieser Hunger nie ganz gestillt werden kann. Franziskus, der selbst aus einem angesehenen Hause kam, und seine ersten Gefährten versuchten, sich von diesem Hunger zu befreien: Sie suchten nicht die gesellschaftliche Anerkennung, um gesunde und stabile Menschen zu sein. Ihre Sicherheit und ihr Selbstvertrauen schöpften sie aus ihrer Verbindung zu Gott.

EXERZITIUM

Wie gehe ich mit Lob um? Kann ich Lob annehmen? Ich versuche solches Lob nicht zurückzuweisen und reiche es innerlich an Gott weiter.
Kann ich andere loben? Ich spreche bewusst jemandem meine Anerkennung aus.

Arbeit

Müßiggang ist ein Feind der Seele. Deshalb müssen sich die Brüder zu bestimmten Zeiten der Handarbeit und zu bestimmten Zeiten wiederum der heiligen Lesung widmen.

AUS DER BENEDIKTSREGEL

In seinen Klöstern adelte der heilige Benedikt die Arbeit. In der Antike galt Handarbeit als Sklaventätigkeit. Ein freier römischer Bürger, ein Adliger gar, vermied solch niedere Dienste. So kam es, dass Adlige, die in ein Kloster kamen, dort zum ersten Mal mit ihren Händen arbeiteten. Als sinnvolle Beschäftigung galt für Benedikt auch das Studium heiliger Texte. Müßiggang hingegen sah er als Gefahr.

In unserer Gesellschaft hat Arbeit einen hohen Stellenwert, vor allem, wenn sie gut bezahlt wird und gesellschaftliches Renommee verspricht. Haushalt, Kindererziehung, Pflege von Angehörigen, bürgerschaftliches Engagement gelten zu Unrecht als zweitrangige Formen der Arbeit. Im Kloster gilt jede Art der Arbeit als wertvoll. Darum erhält auch jeder Mönch dasselbe, unabhängig davon, wie viel er finanziell für das Kloster erwirtschaftet.

Während manche Menschen heutzutage keine Erwerbsarbeit mehr finden, ist für andere die Arbeit auslaugend. Für Benedikt hingegen ist Arbeit ein zentraler Bestandteil des Lebens und dient der Verwirklichung des Menschseins.

EXERZITIUM

Mache ich bisweilen die Erfahrung, dass die notwendige Entspannung in eine unbefriedigende Zeitverschwendung umschlägt? In einer solchen Situation beendige ich den Müßiggang und nehme lieber eine einfache Arbeit auf, die mich erfüllt.

Aufgaben

Unsere Werke haben nur das eine Ziel und die eine Regel, die Gebote so zu erfüllen, dass es Gott gefällt. Denn das Werk wird nur dann recht ausgeführt, wenn es dem Willen des Auftraggebers entspricht. Bemühen wir uns aber, das Werk genau nach dem Willen Gottes zu vollbringen, so verbinden wir uns dadurch mit Gott. Das ist wie bei einem Schmied, der bei der Arbeit an den denkt, der sie bei ihm in Auftrag gegeben hat.

AUS DER BASILIUSREGEL

Der Gründer der Weltpfadfinderbewegung, Robert Baden-Powell, hat auf seinen Grabstein einen runden Kreis mit einem Punkt darin eingravieren lassen. Dies gehörte zu den Wegzeichen, die er seinen Pfadfindern beigebracht hatte und bedeutet: »Ich habe meine Aufgabe erfüllt und bin heimgegangen.«

Jeder Mensch hat Aufgaben, vielleicht sogar eine Lebensaufgabe. Bei den einen wird sich diese eher in der bezahlten Arbeit, bei anderen eher in der Familie oder im freiwilligen Engagement verwirklichen.

Was würde sich ändern, wenn Menschen ihre Tätigkeit bewusst als Aufgabe Gottes verstehen und erledigen würden? Sie wären womöglich nicht in der Gefahr für das eigene Prestige zu kämpfen. Sie könnten entdecken, dass ihr Tun nichts Beliebiges, sondern jeder kleine Schritt unendlich wertvoll ist. So erzählt eine alte Geschichte aus dem Mittelalter, dass ein Handwerker auf die Frage, was er mache, antwortete, er haue Steine. Ein anderer hingegen sagte: »Ich arbeite an einer Kathedrale.«

Wer sein Tun, auch die ganz alltäglichen Verrichtungen, grundsätzlich in einen solch großen Zusammenhang stellen kann, könnte womöglich über diese »Mystik der Praxis« zu Gott finden. Davon war zumindest der heilige Basilius überzeugt.

EXERZITIUM

Ich versuche bei einer Tätigkeit, die ich ausübe, den größeren Zusammenhang zu sehen. Kann ich sie auch als Aufgabe sehen, hinter der Gott steht? Wie verändert sich meine Tätigkeit durch diese Perspektive?

Ausnahmen

Und wenn irgendeinmal Not über sie kommt, soll es allen Brüdern, wo auch immer sie sein mögen, erlaubt sein sich aller Speisen zu bedienen, die Menschen essen können, wie der Herr von David sagt, der »die Schaubrote aß« (vgl. Mt 12,4), »welche niemand essen durfte als nur die Priester« (Mk 2,26). Ebenso dürfen auch alle Brüder mit dem für sie Notwendigen in Zeit offenkundiger Not verfahren, gleichwie ihnen der Herr die Gnade schenkt; denn Not hat kein Gebot.

AUS DER FRANZISKUSREGEL

Jede Religion kennt Gebote und Verbote, die eine Art Geländer sind, um ein gutes Leben zu führen. Zugleich kennt jede Religion die Gefahr, dieses Geländer zu verabsolutieren und nicht mehr zu sehen, dass dieses lediglich eine Stütze und nicht das eigentliche Ziel sein soll. Über die Geltung von Geboten gab und gibt es immer wieder Auseinandersetzungen. Auch vom Juden Jesus sind solche Konflikte bekannt, zum Beispiel als seine Jünger am Sabbat verbotenerweise Ähren abrissen und er zu ihrer Verteidigung deutlich machte, dass nicht der Mensch für den Sabbat, sprich für das Gesetz, sondern das Gesetz für den Menschen da sei (Mk 2,27).

Die Regel des Franziskus ist geprägt durch Anleitungen für ein armes, anspruchsloses Leben. Dennoch macht Franziskus von seinem zentralen Gebot der Armut eine wesentliche Ausnahme, nämlich wenn Brüder in Not sind. Hier zitiert er womöglich ein schon zu seiner Zeit aus dem germanischen Recht übernommenes Sprichwort: »Not hat kein Gebot.« Es wird deutlich, dass religiöses Fasten eine gute Übung für jene ist, die dies aus freien Stücken tun können und nicht für solche, die zwangsweise zu wenig zu essen haben.

EXERZITIUM

Ich überlege mir ein Gebot, das mir für mein Leben sehr wichtig ist. Habe ich davon schon einmal Ausnahmen gemacht? Ich notiere die Kriterien, die im wahrsten Sinne des Wortes notwendig sind, dass ich davon eine Ausnahme mache.

Autorität

*Die Äbtissin soll ihre Schwestern belehren und
beobachten und sie demütig und liebevoll
zurechtweisen. Sie darf aber nichts vorschreiben,
was gegen die innere Überzeugung und die
Lebensform, die wir versprochen haben, wäre.
Die Schwestern jedoch, die ihr unterstellt sind, sind
verpflichtet, ihrer Äbtissin in allen Dingen zu
gehorchen, die sie Gott versprochen haben und die
nicht gegen die innere Überzeugung und die Regeln
sind.
Die Äbtissin aber soll mit ihnen eine so innige
Freundschaft pflegen, dass sie mit ihr reden und
umgehen können wie Herrinnen mit ihrer Dienerin.
Es muss nämlich so sein, dass die Äbtissin die
Dienerin aller Schwestern ist.*

AUS DER KLARAREGEL

Auch in der Gemeinschaft des Klosters geht es nicht ohne Autorität. Die Leitung ist der Äbtissin übertragen. Das Leitungsverständnis der Klararegel stellt aber auf den Kopf, was von Führungskräften oft praktiziert wird. Es geht beim Leiten nicht um Machtausübung. Macht ist nicht um ihrer selbst willen da. Sie wird zusammen mit der verantwortungsvollen Aufgabe übertragen, für das Ganze zu sorgen. Dabei bleibt sie an die Regeln gebunden und hat stets das Heil der Einzelnen zu achten.

Für die Rolle der Vorgesetzten gelten die Worte Jesu: »Wer bei euch groß sein will, der soll euer Diener sein, und wer bei euch der Erste sein will, soll der Sklave aller sein« (Mk 10,43). Das ist eine Herausforderung an alle, die Leitungsverantwortung tragen, Manager und Vorgesetzte genauso wie Eltern. Autorität ist nicht das sture Durchsetzen von Machtansprüchen, sondern beruht auf dem Respekt, den man sich verdient, indem man die eigene Aufgabe als Dienst versteht. Dazu gehört, die anderen einzubeziehen und ihnen auf Augenhöhe zu begegnen.

EXERZITIUM

Ich überlege, wo ich – beruflich oder privat – Verantwortung für Menschen habe.
Ich versuche, diese Aufgabe als Dienst zu verstehen, der die anderen unterstützt, motiviert und fördert.

Balance

*Trachte nach stetiger Arbeit zu den festgesetzten
Stunden; achte den Zeitplan der Brüder, und nimm
dir nicht das Recht, sie durch deine Besuche zu
stören.*

*Gebet, Arbeit und Ruhe, jedes zu seiner Zeit, alles
aber in Gott.*

AUS DER REGEL VON TAIZÉ

Unter dem Stichwort Work-Life-Balance bekommen stark beschäftigte Zeitgenossen in Seminaren und Büchern Hilfen, wie sie leichter die Balance zwischen der beruflichen Tätigkeit und ihren anderen Interessen und Aufgaben finden können.

Viele Menschen haben das Gefühl, dass ihre verschiedenen Lebensbereiche miteinander konkurrieren und dass sie dem einen oder anderen, ihrer Familie, ihren persönlichen Beziehungen, ihrem Körper, ihrem Haushalt oder ihrer Arbeit nicht gerecht werden. Wenn sie dem einen mehr Zeit einräumen, leidet etwas anderes darunter.

In der Taizéregel wird nicht nur auf verlässliche Zeiten für die einzelnen Dinge und auf ihr quantitatives Austarieren Wert gelegt. Das Entscheidende ist vielmehr, die Verbindung zwischen den verschiedenen Lebensbereichen zu finden. Der rote Faden für die Kommunität in Taizé ist, dass alles, was ein Bruder tut, in Bezug auf Gott geschehen soll. Durch diese verbindende Klammer verringert sich die Konkurrenz der verschiedenen Bereiche. Natürlich sind dadurch nicht alle zeitlichen Konflikte gelöst. Aber es ist möglich, die verschiedenen Lebensbereiche auszubalancieren, weil sie in einen sinnvollen Zusammenhang gebracht werden.

EXERZITIUM

Ich notiere mir, welche Bereiche meines Lebens ich in Balance bringen möchte. Dann suche ich nach den roten Fäden und schreibe auf, was diese Bereiche untereinander verbinden könnte.

Begegnungen

*Und die Brüder müssen sich freuen, wenn sie mit
gewöhnlichen und verachteten Leuten verkehren, mit
Armen und Schwachen und Aussätzigen und
Bettlern am Wege.*

Aus der Franziskusregel

Das entscheidende Berufungserlebnis des Franziskus war seine Begegnung mit einem Aussätzigen. Er wollte um diesen vor den Toren der Stadt lebenden Kranken zunächst einen großen Bogen machen. Doch plötzlich fühlte sich Franziskus von dem Aussätzigen unwillkürlich angezogen und er schloss ihn spontan in seine Arme. Wie er in seinem Testament bekennt, sei dabei das, was »mir bitter vorkam in Süßigkeit des Leibes und der Seele verwandelt« worden.

Auch heute gibt es Menschen, auf die niemand gerne zugeht. Jeder weiß, welche Stadtviertel man eher nicht betritt, welche heruntergekommenen Leute am Bahnhof man am besten meidet, welche Jugendlichen man nur aus der Ferne beobachtet. »Kennt ihr die Armen eurer Stadt?«, hatte einst Mutter Teresa von Kalkutta bei einer Reise nach Europa gefragt. Zugegebenermaßen wohl kaum. Wenn es nach Franziskus geht, sollen wir sie nicht nur kennen, sondern ihnen auch begegnen, mit ihnen sogar länger in Kontakt sein. Vielleicht gelingt es uns, solche Begegnungen als »Süßigkeit«, als beglückend zu erleben. Vielleicht können wir dann wie Franziskus in den Armen und Kranken sogar Jesus Christus entdecken.

EXERZITIUM

Ich gehe bewusst durch eine Stadt und nehme einen Menschen wahr, der zu den Armen am Wege gehört. Ich versuche ihm auf Augenhöhe zu begegnen und mit ihm ins Gespräch zu kommen.

Belastungen

Wir müssen unsere Kommunität häufig unter schwierigen Bedingungen aufbauen: ein armes Umfeld, Mangel an Platz und Rückzugsmöglichkeiten, häufige Besuche, Beanspruchungen der Freunde, verschiedene Engagements.

Das alles lastet auf der Kommunität. Deshalb unterstützen wir uns gegenseitig, um gemeinsam diese Spannungen auszuhalten, die auch zum Leben Jesu und seiner Jünger gehörten.

Unsere Ausrichtung und unser Engagement leben wir nicht nur als Individuen sondern als Teil eines gemeinschaftlichen Projekts.

Wenn wir dies eindeutig leben, in Gemeinschaft mit unseren Brüdern und Verantwortlichen, greifen unsere Engagements ineinander und stärken unsere Einheit.

AUS DER REGEL DER KLEINEN BRÜDER

Die Kleinen Brüder leben im Unterschied zu den traditionellen Orden nicht hinter Klostermauern, sondern in kleinen Gemeinschaften in normalen Mietwohnungen. Dort machen sie die Erfahrung, dass ihr Alltag nicht immer geordnet verläuft und vielerlei Belastungen ausgesetzt ist. Der erste Schritt damit umzugehen ist, diese ehrlich wahrzunehmen und nicht schönzureden. Ein zweiter Schritt ist, sich bewusst zu machen, dass solche Turbulenzen auch das Leben Jesu und seiner Anhänger kennzeichneten. So wird eine Verbindung zu den Wurzeln des eigenen Engagements hergestellt. Ein dritter Schritt ist, zu spüren, dass sie mit ihrer kleinen Gemeinschaft, die viel aushalten muss, nicht allein sind, dass sie also nicht allein die Probleme lösen müssen, sondern dass sie zu einer größeren Gemeinschaft gehören, von der sie sich tragen lassen können.

Wer im Alltag, sei es als Einzelner, als Kleinfamilie, als kleine Aktionsgruppe oder Gemeinde solche Erfahrungen macht, über Gebühr beansprucht zu werden, könnte sich der Erfahrung der Kleinen Brüder anvertrauen, dass es heilsam ist, in ein größeres Netzwerk eingebunden zu sein. Die Verbindung mit dem größeren Ganzen befreit davon, die Last der ganzen Verantwortung zu tragen.

EXERZITIUM

Wenn ich mich das nächste Mal überlastet fühle, ziehe ich mich nicht zurück, sondern teile meine Not mit jemandem, der sich für mich interessiert und mir zuhören kann. Welche Gemeinschaften und Beziehungen gibt es, die mich mittragen können?

Bewährung

Sechs Hauptprüfungen der Aufnahme:
während ungefähr eines Monats die geistlichen
Übungen machen,
während eines weiteren Monats in Armen- und
Krankenhäusern dienen,
einen weiteren Monat ohne Geld pilgern,
nach der Aufnahme ins Ordenshaus sich mit
ganzem Fleiß und Bemühen in vielfachen niederen
und demütigenden Diensten üben und in allen ein
gutes Beispiel geben,
die christliche Lehre oder einen Teil von ihr
öffentlich den Kindern und anderen einfachen
Leuten erklären,
dann schließlich predigen oder beichthören oder
in allem arbeiten, je nach Zeit und Ort und
Veranlagung aller.

AUS DER IGNATIUSREGEL

Die biblische Tradition betrachtet Wahrheit nicht als etwas rein Philosophisches im Sinne einer Theorie über die Welt. Wahrheit muss sich in Praxis bewähren. Ignatius stellt sich in seiner Regel für die »Gesellschaft Jesu« in diese Tradition. Die sechs Schritte führen ins Ordensleben ein. Es geht vor allem darum, eigene Erfahrungen zu machen und zu prüfen, ob sich der eigene Glaube in der Praxis bewährt. Es ist bemerkenswert, dass die oft als intellektuelle Elite angesehenen und dafür auch kritisierten Jesuiten so sehr Wert auf bodenständige Erfahrungen legen. Scharfsinnige Theologie muss sich in der Stille geistlicher Übungen, an den Betten der Ärmsten, im Staub der Straße, in den niederen Diensten des Haushalts und im Gespräch mit den Ungebildeten bewähren. Nur dann ist sie wahr. Wer herausfinden will, ob sein Glaube tragfähig ist, kann sich auch heute an den praktischen Übungen des Ignatius erproben.

EXERZITIUM

Ich versuche, mich in einem der von Ignatius genannten Bereiche zu bewähren. Ich nehme mir jeden Tag Zeit, einen Abschnitt aus der Bibel zu lesen; oder ich kümmere mich um jemanden, der sich darüber freut, auch wenn es mir schwer fällt; oder ich verbringe einen Tag in einer Stadt ohne Geld dabeizuhaben; oder ich führe mit jemanden ein Gespräch über den Glauben.

Dienstleistung

Sobald jemand anklopft oder ein Armer ruft,
antwortet der Pförtner: »Gott sei Dank« oder
»Segne mich«.

Aus der Benediktsregel

Es ist etwas Alltägliches, Dienstleistungen in Anspruch zu nehmen. Wer zahlt, hat auch ein Recht, höflich behandelt zu werden, sei dies an der Rezeption des Hotels oder beim Einwohnermeldeamt. Bittsteller gibt es immer weniger. Selbst beim Sozialamt oder bei der Arbeitsagentur werden die Menschen als »Kunden« gesehen. Die Benediktsregel unterscheidet sich von den Leitbildern der Dienstleister und seien sie noch so kundenorientiert. Ein Fremder kommt an die Klosterpforte mit einem Anliegen, vielleicht mit der Bitte um materielle oder seelische Hilfe oder schlicht mit dem Ansinnen, die Nacht im Schutz der Klostermauern verbringen zu dürfen. Doch bevor der Pförtner auf dieses Anliegen eingeht, soll er Gott für den Besucher danken, ja den Fremden sogar um seinen Segen bitten. Es klingt wie eine verkehrte Welt. Nicht der fromme Mönch segnet den Suchenden, sondern er erbittet umgekehrt den Segen des Fremden. Nicht der Dienstleister vollbringt den eigentlich wertvollen Dienst, sondern der Bittsteller. Das ist ein reizvoller Gedanke, dass der Kunde nicht nur König ist und mehr zu bieten hat als nur Geld.

EXERZITIUM

In Situationen, in denen ein anderer Mensch etwas von mir will, versuche ich, die Haltung des Pförtners einzunehmen und für diesen Kontakt dankbar zu sein. Ich lasse mich überraschen, wie der andere mich beschenken kann.

Diskretion

Die Schwestern sollen streng verpflichtet sein,
nichts von dem, was im Kloster gesprochen
oder getan wird, nach außen zu tragen, was
irgendein Ärgernis erregen könnte.

AUS DER KLARAREGEL

Auf den ersten Blick mag man vermuten, der schöne Schein solle gewahrt und die Klosterfassade makellos gehalten werden. Nur keinen Skandal in die Öffentlichkeit tragen! Aber der heiligen Klara geht es nicht um Heuchelei, sondern darum, einen geschützten Raum zu schaffen. Einen Raum, der die freie Aussprache untereinander ermöglicht und es erlaubt, den anderen Persönliches anzuvertrauen. Wer sein Inneres öffnet, macht sich verletzlich. Was ich von anderen erfahre, verdient deswegen die notwendige Diskretion. Es ist manchmal nicht einfach, ein Geheimnis für sich zu behalten. Aber Stillschweigen zu wahren, drückt Respekt vor dem anderen aus und schafft eine Basis des Vertrauens.

Es ist eine große Hilfe, sich auf jemanden verlassen zu können, der meinen Fragen, Problemen und Sorgen ein offenes Ohr schenkt und sie im Herzen bewahrt. Eine schnelle Antwort ist dabei nicht unbedingt notwendig. Schon das Zuhören, das Mitwissen und Mittragen tun gut. Auf diese Weise kann jeder dem anderen zum Seelsorger werden.

EXERZITIUM

Bei Dingen, die ich erfahre, prüfe ich, was davon der Vertraulichkeit unterliegt. Ich speichere diese Informationen mit dem Zusatz »behalte es für dich«. Wenn ich von anderen Diskretion erwarte, sage ich das deutlich.

Ehrgeiz

Wer Gott aufrichtig liebt und bereit ist, Gott Rechenschaft über das eigene Verhalten abzulegen, der gibt sich mit dem Gegenwärtigen nicht zufrieden, sondern sucht etwas darüber hinaus zu tun. Und selbst wenn er sich über alle Kräfte anstrengt, so hat er doch nie den Eindruck, seine Aufgabe erledigt zu haben. Schließlich hört er, wie der Herr befiehlt: »Wenn ihr alles getan habt, was euch befohlen war, dann sagt: ›Wir sind unnütze Knechte; wir haben nur getan, was wir schuldig waren zu tun.‹«

AUS DER BASILIUSREGEL

In der Schule werden seit jeher leistungsstarke oder ehrgeizige Kinder als Streber gebrandmarkt. Auch im Bereich der Spiritualität ist das ehrgeizige Bemühen besonders durch die Kritik der Reformatoren als Leistungsfrömmigkeit und Werkgerechtigkeit in Misskredit geraten. Und der Begriff Ehrgeiz selbst weist auf die Gefahr hin, dass damit in egoistischer Weise vor allem die eigene Ehre im Blick sein kann. Doch gehört es nicht zu den grundlegenden Bedürfnissen des Menschen, sich weiterzuentwickeln und nicht beim Erreichten stehenzubleiben?

Basilius sieht das ehrgeizige Bemühen im Bereich des Glaubens ganz unbefangen. Ehrgeiz setzt wichtige Kräfte frei. Stolz auf die eigene Leistung ist dabei jedoch nicht angebracht, denn der Mensch soll sich im Dienst Gottes sehen. Für Basilius kommt der ehrgeizige und lebenslange Antrieb aus der Liebe zu Gott, dem die Menschen nacheifern sollen, wie Jesus sagte: »Seid vollkommen, wie auch euer himmlische Vater vollkommen ist!« (Mt 5,48).

EXERZITIUM

Ich entscheide mich, etwas in meinem Leben oder Glauben, das ich bisher eher mittelmäßig praktiziere, mit größerem Ehrgeiz anzugehen.

Einfachheit

Je einfacher die Lebensführung, desto besser passt sie zu den Dienern Gottes. Weniger zu brauchen ist besser, als mehr zu haben.

AUS DER AUGUSTINUSREGEL

Ist es nicht paradox? Noch nie konnten Menschen aus so vielfältigen Möglichkeiten auswählen wie heute. Noch nie schienen sie so selbstbestimmt zu leben. Und dennoch wirken viele nicht befreit. Ist die Kompliziertheit heutigen Lebens eine Überforderung? Brauchen wir deshalb Ratgeber mit dem Motto »Simplify your life«, vereinfache dein Leben?

Einfachheit ist eines der Grundprinzipien der Ordensregeln. Einfachheit ist kein Selbstzweck, sondern die Voraussetzung dafür, wirklich frei zu werden. Die Ordensgründer sind überzeugt, dass wir innerlich wachsen, wenn wir darauf verzichten, äußerlich und quantitativ zu wachsen. Einfach zu leben bedeutet, den Blick auf das Wesentliche zu richten. Einfach zu leben bedeutet auch, durch weniger zu mehr zu gelangen: Weniger Ablenkung durch Unwichtiges, dafür mehr Zeit für sich selbst und andere. Weniger Sorgen um die Zukunft, dafür mehr Freude an der Gegenwart und den kleinen Dingen. Weniger Drang, alles im Griff zu haben, dagegen mehr Bescheidenheit und Vertrauen auf Gottes Führung. Weniger Frust über Zustände, die man sowieso nicht ändern kann, stattdessen kleine Schritte zum Guten in der eigenen Umgebung.

EXERZITIUM

Ich vereinfache mein Leben an einer Stelle. Ich stoße etwas ab, das mein Leben überfrachtet. Ich befreie mich von unnötigem Ballast und lebe danach ein wenig leichter. Ich nehme mir den Druck, etwas zu erreichen, was eigentlich unrealistisch ist.

Erinnerung

Was unterscheidet den Christen? Sich immerdar im Angesichte des Herrn zu wissen. Wir sollen den heiligen Gedanken an Gott beständig und in reinem Andenken wie ein unauslöschliches Siegel in unserer Seele eingeprägt tragen. Denn auf diese Weise gelangen wir zur Liebe Gottes.

AUS DER BASILIUSREGEL

Wie sähe das Leben aus, gerade die banalen Tätigkeiten des Alltags, wenn sich Menschen immer bewusst wären, dass sie alles in der Gegenwart Gottes tun? Alles bekäme einen tieferen Sinn, sogar Geschehnisse, Worte und Gefühle, die ansonsten für unwichtig erachtet würden. Alles stünde in einem größeren Horizont als es das kleine Ich erfassen kann. Alles, auch manche Widrigkeiten, könnten gelassener und zugleich liebevoller erlebt werden. Doch dazu müsste man sich ständig an dieses Größere erinnern können. Auch menschliche Beziehungen leben davon, dass wir uns aneinander erinnern. Erinnern meint buchstäblich nach innen zu gehen, um Bilder und Gefühle lebendig werden zu lassen. Ähnlich verhält es sich in der Beziehung zu Gott.

Für Basilius und die ostkirchliche Spiritualität ist es wichtig, dass diese Erinnerung mitten im Alltag geschieht. Hilfreich sind dazu einfache Impulse, die zur Erinnerung anregen. In der kirchlichen Tradition sind das etwa das Weihwasserbecken neben der Tür, ein Feldkreuz oder das Läuten der Kirchenglocken. Jeder kann sich selbst solche Anlässe fürs Erinnern suchen.

EXERZITIUM

Ich überlege mir, welche alltägliche Verrichtungen Erinnerungsimpulse für mich sein könnten wie zum Beispiel das Hochfahren des Computers, das Stehen an der roten Ampel, das Überschreiten einer Schwelle, das Zähneputzen oder ein bestimmter alltäglicher Weg. Ich wähle mir ein oder zwei solcher »Gottessouvenirs«. Diese können mit einem kurzen Innehalten verbunden sein oder mit einem leisen Gebet.

Fasten

Zu jeder Zeit sollen die Schwestern fasten. An Weihnachten, auf welchen Tag es auch fällt, dürfen sie sich zweimal sättigen. Junge, gebrechliche und außerhalb des Klosters Dienst tuende Schwestern können nach Einschätzung der Äbtissin vom Fasten barmherzig befreit werden. In Zeiten offensichtlicher Not jedoch sollen die Schwestern zum leiblichen Fasten nicht verpflichtet sein.

Aus der Klararegel

Ein Teil der Menschheit hungert, ein anderer kämpft mit dem Übergewicht. Fasten im Sinne der Ordensregel ist aber keine Form der Diät und keine Spielart der Hungersnot. Fasten ist die bewusste Entscheidung, Verzicht zu üben. Es ist eine spirituelle Übung, die frei macht von vermeintlichen Bedürfnissen. Fasten befreit von festgefahrenen Gewohnheiten und gewinnt dafür Selbstbestimmung zurück. Wir steuern unser Verhalten und bringen die Kraft auf, ohne etwas zu leben, das eigentlich unverzichtbar scheint. Das können Lebensmittel sein, vor allem Genussgüter wie Fleisch, Alkohol oder Süßigkeiten. Das können aber auch Verhaltensweisen sein, etwa Fernsehen, Internetnutzung, Autofahren, Shoppen oder Telefonieren. Neben der Souveränität über uns selbst gewinnen wir beim Verzicht auf solche Dinge auch Ressourcen zurück, Kräfte, Zeit und Geld, die für andere Zwecke zur Verfügung stehen.

Diese Übung ist in der Regel nicht leicht. Nicht umsonst hängt Fasten sprachlich mit *fest* zusammen. Fasten bedarf einer hohen Festigkeit, denn Verzicht üben fällt schwer. Aber es wird belohnt mit der beglückenden Erfahrung, das Leben selbst gestalten zu können.

EXERZITIUM

Ich wähle eine passende Form des Fastens und probiere für eine festgelegte Zeit, ob ich den Verzicht durchhalten kann. Das ist in der traditionellen Fastenzeit zwischen Aschermittwoch und Ostern oder zu einer anderen Zeit möglich.

Fortschritt

*Wenn ihr um Christi Willen diese Vorschriften treu
und gewissenhaft beachtet, werdet ihr selbst
Fortschritte machen und darüber werden wir uns
sehr freuen.*

AUS DER AUGUSTINUSREGEL

Der regulierte Ablauf des Klosterlebens verdeckt vielleicht, dass es durchaus auf Veränderung zielt. Stabilität in den äußeren Dingen soll Beweglichkeit im Innern ermöglichen. Als Ziel jeder Regel benennt Augustinus daher den Fortschritt. Ein modernes Wort, denn unsere Gesellschaft strebt beständig nach Fortschritt. Doch ein äußerliches Wachstum ist hier nicht gemeint, sondern die persönliche Entwicklung des Einzelnen. Fortschritt muss sich daher nicht in neuen Erlebnissen, neuen Beziehungen oder neuem Besitz zeigen. Es geht vielmehr darum, sich selbst zu finden und zu sich selbst zu kommen.

Darin gleicht das Leben einem Pilgerweg. Zwar schreitet der Pilger auch stetig fort, aber die äußere Bewegung auf das Ziel hin ist ein Bild für die Bewegung auf die eigene Mitte zu. Die Eindrücke und Sehenswürdigkeiten am Wegesrand sind ein Bild für das Erkunden der eigenen Seelenlandschaft. Die Begegnungen mit anderen sind ein Bild für die Begegnung mit sich selbst. Fortschrittlich ist es, die Impulse der äußeren Welt für das innere Fortkommen zu nutzen.

EXERZITIUM

Spüre ich in mir das Bedürfnis, mich weiterzuentwickeln? Welche Fortschritte sind mir wichtig, wenn ich an die Zukunft denke? Vielleicht hilft es, diesen Gedanken auf einem einsamen Spaziergang oder einem Pilgerweg nachzugehen.

Freiheit

Du fürchtest, eine gemeinsame Regel könnte deine Persönlichkeit ersticken, wo sie dich doch von unnützen Fesseln freimachen soll, damit du die Verantwortung, die der Dienst mit sich bringt, besser tragen, und der Kühnheit, die in ihm liegt, besser gerecht werden kannst. Wie jeder Christ musst du die Spannung auf dich nehmen zwischen der totalen vom Heiligen Geist geschenkten Freiheit und den Unmöglichkeiten, vor die dich die menschliche Natur stellt, sowohl die Natur deines Nächsten und deine eigene.

AUS DER REGEL VON TAIZÉ

Kinder in einem gewissen Alter achten sehr auf die Einhaltung von Regeln, weil ihnen unbewusst klar ist, dass diese ihnen Struktur geben und gemeinsames Spielen erst ermöglichen. Noch bis vor wenigen Jahrzehnten galten gesellschaftliche Regeln fast uneingeschränkt. Heute sind Erwachsene es hingegen gewohnt, über ihr Leben selbst zu bestimmen, unabhängig von überkommenen Traditionen.

Die in der Mitte des 20. Jahrhunderts entwickelte Regel von Taizé denkt über die Zumutung von Regeln für einen modernen Menschen nach. Sie geht davon aus, dass wirkliche Freiheit Regeln braucht. Ein Alltag ohne feste Strukturen ist auf Dauer anstrengend. Gruppen, in denen alles immer wieder neu diskutiert werden muss, sind ermüdend. In Familien müssen manche Abläufe eingeübt sein, damit das Zusammenleben gelingt. Eine Regel, zu der sich jemand in aller Freiheit verpflichtet, kann frei machen, weil sie Unklarheiten beseitigt und alle davon entlastet, dass jeweilige Befindlichkeiten zur Grundlage von Entscheidungen gemacht werden. Ein altes Sprichwort bringt es auf den Punkt: »Je weiter und kühner die Seefahrt ist, desto mehr muss man sich an den Nordstern halten.«

EXERZITIUM

Gibt es eine ungeregelte Situation, die mich viel Energie kostet? Ich versuche eine entlastende Regel dafür zu finden und anzuwenden.

Freizeit

Jene, die als Ordensleute in Einsiedeleien verweilen
wollen, sollen zu drei oder höchstens zu vier
Brüdern sein. Zwei von ihnen sollen die Mütter sein
und sollen zwei Söhne oder wenigstens einen haben.
Jene beiden, die Mütter sind, sollen wie Martha die
anderen versorgen, und die beiden Söhne sollen sich
wie Maria dem geistlichen Leben widmen. Die
Söhne aber sollen bisweilen das Amt der Mütter
übernehmen.

AUS DER FRANZISKUSREGEL

Speziell den Deutschen sagt man nach, dass für sie die Arbeit das Höchste sei. So haben sich nicht zufällig in den deutschsprachigen Ländern viele aktive Orden gegründet, die sich sozial engagieren. Doch auch diese sogenannten aktiven Orden kennen eine kontemplative Seite. In den letzten Jahren ist es für viele Menschen attraktiv geworden, eine Auszeit zu nehmen, sich ein Wellnesswochenende zu leisten, zu pilgern oder sich für einige Zeit in ein Kloster zurückzuziehen.

Franziskus und seinen Brüdern waren die Zeiten des Rückzugs in die Einsamkeit wichtig. So schrieb er auch eine kurze Regel für die Einsiedeleien. Hier wird deutlich, dass jeder das Recht hat, sich für eine gewisse Zeit bedienen zu lassen, um ganz frei zu sein für das Gebet und das Meditieren des Wortes Gottes. Es geht dabei nicht nur darum abzuschalten und aufzutanken, um wieder für den Alltag fit zu werden. Diese freie Zeit hat vielmehr ihren eigenen Wert. Gerade der moderne Mensch braucht Zeiten, die keinem Zweck dienen.

EXERZITIUM

Ich entscheide mich für eine bewusste Auszeit, sei dies ein halber Tag oder auch eine ganze Woche und nehme dankbar jene Menschen wahr, die mir dies ermöglichen. Ich kann auch jemanden in meinem Umfeld mit einer solchen freien Zeit beschenken.

Fürsorge

Die Äbtissin tröste die Betrübten. Sie sei auch die letzte Zuflucht für Schwestern mit Nöten. Alle aber sollen ihre kranken Schwestern so versorgen und bedienen, wie sie selbst bedient werden möchten, wenn sie an irgendeiner Krankheit leiden.

AUS DER KLARAREGEL

Anders als früher ist heute die soziale Grundversorgung zumindest in den industrialisierten Ländern weitgehend geregelt. Aber Fürsorgesysteme und Versicherungen können nicht alle Nöte lindern. Sie befriedigen nicht die Sehnsucht nach innerer Zuwendung, ohne die menschliches Leben nicht gelingen kann. Den Nächsten zu lieben wie sich selbst, ist ein Grundgebot des Christentums. Unser Nächster ist, wer ganz konkret unsere Hilfe braucht. Wir werden nicht der ganzen Menschheit in ihren vielfältigen Nöten helfen können. Das wird auch nicht von uns erwartet. Aber es gibt genug kleine Hilferufe in unserer Umgebung, auf die wir durchaus antworten können. Das bringt verschiedene Herausforderungen mit sich. Zum einen müssen wir unsere Bereitschaft, für andere da zu sein, signalisieren. Zum anderen müssen wir Hilferufe als solche wahrnehmen. Außerdem kann es Situationen geben, in denen wir von uns aus Hilfe anbieten sollten. In der Frage, wie viel Fürsorge wir leisten können, gilt es, das richtige Maß zu finden zwischen Wegschauen und Aufdringlichkeit, zwischen Bequemlichkeit und Verausgabung.

EXERZITIUM

Warten Betrübte auf meinen Trost? Wer in meiner Umgebung benötigt meine Hilfe? Schon ein Anruf, ein Besuch, ein Gespräch kann anderen Kraft geben. Ich entschließe mich, einem konkreten Menschen meine besondere Aufmerksamkeit zukommen zu lassen.

Gebet

Seid eifrig im Gebet zu den festgelegten Stunden und Zeiten. Wenn ihr in Psalmen und Liedern zu Gott betet, dann soll das, was ihr in Worten aussprecht, auch euer Herz bewegen.

AUS DER AUGUSTINUSREGEL

Gebet, das zur geistlosen Routine wird, ist wohl eher eine Gefahr für das Klosterleben mit seinen vielen Gebetszeiten. Menschen außerhalb des Klosters dagegen müssen Gebetszeiten ganz bewusst in ihren Tagesablauf einplanen. Aber Gebete sind ihre Zeit wert, denn es tut der Seele gut, Gott anzuvertrauen, was auf dem Herzen liegt. Auch wenn Gott weiß, was wir brauchen, kann es heilsam sein, Sorgen und Hoffnungen, aber auch den Dank in Worte zu fassen.

Durch regelmäßiges Beten wird immer mehr die Haltung des christlichen Hauptgebets, des Vaterunsers angenommen: »Dein Wille geschehe«. Im Gebet wird dann das lebendig, was Glaube überhaupt ist: sich voll Vertrauen Gott zu übergeben. Das macht ruhiger, gelassener und freier.

EXERZITIUM

Ich versuche, meinen Alltag durch eine feste Gebetszeit am Tag zu strukturieren: Ein kurzes Morgengebet nimmt den kommenden Tag in den Blick und stellt alles, was geschehen wird, unter Gottes Segen. Ein Gebet vor dem Essen, allein in der Stille oder gemeinsam mit der Familie, bringt unseren Dank für die Gaben zum Ausdruck. Das Abendgebet schaut zurück auf den Tag und legt ihn mit allem, was gelungen und was nicht gelungen ist, in Gottes Hand.

Geduld

Keine der Schwestern darf schon während der Probezeit den Schleier empfangen.

AUS DER KLARAREGEL

Ungeduld ist offensichtlich keine moderne Erscheinung. Auch zu Klaras Zeiten wollten junge Frauen die Probezeit verkürzen und sofort den Brautschleier tragen, das Zeichen dafür, dass sie sich mit Christus vermählen. Dies war die endgültige Aufnahme ins Kloster.

Uns stehen heute Hilfsmittel zur Verfügung, die unser Leben enorm beschleunigen. Das hat Vor- und Nachteile. Mit diesen Möglichkeiten wächst auch unsere Ungeduld. Weil es schnell gehen kann, muss es schnell gehen. Zählten früher Lebenserfahrung und Weisheit, kommt es heute auf Schnelligkeit und Aktualität an. Manche Entscheidung, manche Beziehung, mancher Einkauf wird mit Hochgeschwindigkeit angegangen. Die Ordensregel verordnet dagegen eine Probezeit und schreibt damit eine Entschleunigung vor.

EXERZITIUM

Ich wähle einen Lebensbereich, in dem ich etwas Neues begonnen habe. Ich akzeptiere, dass in diesem Bereich vieles nur vorläufig ist. Ich erlaube mir, im Ausprobieren auch Fehler zu machen. Ich übe mich in Geduld und gestalte meine Probezeit als bewussten Weg, ohne schon jetzt das Ziel vorwegnehmen zu wollen.

Gegenstände

Alle Geräte und den ganzen Besitz des Klosters
betrachte der Klosterverwalter wie heilige
Altargeräte.

Aus der Benediktsregel

Es ist eine alte Erfahrung, dass Menschen mit ihrem Eigentum sorgfältiger umgehen als mit Dingen, die einer Allgemeinheit gehören. Dieses Phänomen ist in vielen Bereichen zu beobachten, sei es im Unterschied von eigentümergeführten Betrieben und Aktiengesellschaften, sei es in der Übernutzung von gemeinsamen Ressourcen wie Luft und Wasser, sei es beim Phänomen des Vandalismus in öffentlichen Einrichtungen wie Schulen oder Parks.

In einem Benediktinerkloster gibt es grundsätzlich kein Privateigentum, vielmehr ist alles Allgemeingut. Die Achtung vor allen Gegenständen im gemeinsamen Besitz rührt daher, dass die Mönche alles Geschaffene nicht nur als Ergebnis menschlicher Arbeit, sondern auch als Geschenk aus der Hand Gottes sehen. Deshalb sollen alle Dinge so hoch geachtet werden, als wären sie heilig. Ganz besonders gilt dies für Gegenstände, mit deren Hilfe Gutes geschaffen werden kann. So ist grundsätzlich Weltliches und Heiliges eng miteinander verbunden. Gegenstände sind mehr als Mittel zum Zweck. Aber sie sind auch kein reiner Selbstzweck. Es geht nicht darum, sie nur zu besitzen. Sie haben eine dienende Funktion.

EXERZITIUM

Ich nehme mir vor, einen Gegenstand, den ich nutze, eine Zeit lang in besonderer Weise zu achten, als wäre er etwas ganz Besonderes. Dankbar überlege ich mir, worin sein höherer Wert für mich besteht.

Gelassenheit

Die Äbtissin und ihre Schwestern sollen sich davor hüten, wütend oder aufgebracht zu werden wegen der Verfehlungen, die jemand begangen hat. Denn Zorn und Aufregung hemmen in ihnen selbst und in den anderen die Liebe.

Aus der Klararegel

Wut ist kein guter Ratgeber. Wer den Fehlern anderer mit Vorwürfen und lautstarken Attacken begegnet, verbaut ihnen den Weg zur Bewältigung ihrer Schuld und zur Besserung. Außerdem wird die Beziehung untereinander geschädigt. Gerade im Kloster hat das harte Konsequenzen, muss man doch weiterhin auf engem Raum zusammenleben. Die Alternative ist sicherlich nicht das Verdrängen von Problemen oder die tränenreiche Entschuldigung. Einen kühlen Kopf zu bewahren und die Dinge ehrlich und freundlich beim Namen zu nennen, führt eher zur Aussöhnung.

Hilfreich ist eine Haltung der Gelassenheit. Aus ihr heraus werden schwierige Situationen mit einer inneren Entspannung angegangen. Die eigene Haltung wird mit einem gewissen Abstand und überlegt vorgetragen, nicht impulsiv. Was nicht zu ändern ist, verdient auch keine Aufregung und kann gelassen werden. Zur Gelassenheit trägt bei, sich selbst nicht zu ernst zu nehmen und aus einer inneren Mitte zu leben.

EXERZITIUM

Jeder hat schon einmal überreagiert. Wenn mir ein solcher Fall bewusst ist, der meine Beziehung zu einem anderen Menschen beschädigt hat, springe ich über meinen Schatten und entschuldige mich. Was hilft mir, in Zukunft gelassener zu reagieren?

Gerechtigkeit

Nennt nichts euer Eigen, sondern alles soll euch gemeinsam gehören. Die Leitung des Klosters teile jedem Nahrung und Kleidung zu. Es muss aber nicht jeder das gleiche bekommen, weil ihr nicht alle die gleiche Gesundheit habt. Vielmehr soll jedem das gegeben werden, was er nötig hat. So ist es in der Apostelgeschichte über die ersten Christen zu lesen: Sie hatten alles gemeinsam und jedem wurde das zugeteilt, was er brauchte.

AUS DER AUGUSTINUSREGEL

Die Besitzverhältnisse im Kloster spiegeln ein urchristliches Ideal wieder. Alles gehört allen. Bei der Nutzung des gemeinsamen Besitzes darf es aber durchaus Unterschiede geben, da es auch unterschiedliche Bedürfnisse gibt. Dem Einzelnen ist ein Vorteil einzuräumen, wenn dadurch ein Nachteil ausgeglichen wird. Worauf jeder immer Anspruch hat, ist das zum Leben Notwendige. Wo eine Gemeinschaft nach diesen Grundsätzen lebt, praktiziert sie Gerechtigkeit.

Was in der kleinen Gruppe funktionieren kann, ist in der größeren Gesellschaft viel schwerer zu verwirklichen. Auch wenn wir außerhalb des Klosters weiterhin Privatbesitz haben werden, so verpflichtet uns dieser doch zu Solidarität. Wie kann Eigentum so eingesetzt werden, dass jeder Mensch bekommt, was er nötig hat? Eine Möglichkeit ist, über das Einkaufsverhalten Gerechtigkeit zu fördern. Für manche Produkte lässt sich durchaus feststellen, ob die Menschen, die sie hergestellt haben, unter würdigen Verhältnissen leben und arbeiten und einen gerechten Lohn erhalten. Schon das Interesse an den Produktionsbedingungen und natürlich das entsprechende Kaufverhalten bewirken langfristig, dass jeder Mensch das zum Leben Notwendige bekommt.

EXERZITIUM

Im Rahmen meiner Möglichkeiten stelle ich mein Einkaufsverhalten um. Ich wähle fair produzierte und fair gehandelte Produkte, kaufe in Weltläden und bei lokalen Herstellern und wähle familienfreundliche Einkaufszeiten und Geschäfte, die mit ihren Angestellten sozial umgehen.

Gerüchte

Von den Schwestern wird erwartet, dass sie keine Gerüchte aus der Welt ins Kloster tragen.

AUS DER KLARAREGEL

Klatsch und Tratsch gab es offensichtlich immer schon. Die Klararegel ist da ganz realistisch und warnt davor, dem Gerede Tür und Tor zu öffnen. Der Reiz an Gerüchten ist der Vorsprung an »Information«, mit dem man sich wichtigmachen kann, wie auch die Neugier nach Skandalen.

Doch voyeuristische Geschichten erbauen sich am Unglück anderer und fördern so die Überheblichkeit. Klatsch trägt dazu bei, den Ruf anderer zu schädigen und sie zu kränken. Schadenfreude ist deswegen nur vermeintlich die schönste Freude. Oberflächliche Neuigkeiten lenken von den eigentlichen Fragen des Lebens ab. Da vieles nicht stimmt, anderes sich als halbwahr erweist und das meiste einen gar nichts angeht, lässt man sich von der ersten Aufregung um die neuesten Enthüllungen besser gar nicht erst anstecken. Ein bewusster Gerüchtefilter, die innere Klostermauer, schützt das seelische Gleichgewicht.

EXERZITIUM

Ich entziehe mich dem Austausch von Tratsch und Gerüchten. Ich überlege, ob das Bild, das ich von einem bestimmten Menschen meiner Umgebung habe, von Gerede übermalt ist. Indem ich mit der Person selbst spreche, versuche ich mich von dem falschen Bild zu befreien und der Wirklichkeit dieser Person näherzukommen.

Gesundheit

*Körperpflege dürft ihr, wenn es die Gesundheit
verlangt, niemals ablehnen. Befolgt dabei ohne
Widerspruch die Anordnung des Arztes. Selbst
wenn ein Bruder es zunächst ablehnt, soll er,
notfalls auf Befehl des Oberen, dennoch das tun,
was für seine Gesundheit notwendig ist.
Wenn aber ein Bruder danach verlangt, obwohl es
die Gesundheit nicht erfordert, dann soll seinem
Verlangen nicht entsprochen werden. Denn was
Vergnügen bereitet, ist nicht immer nützlich, sondern
kann auch schaden.*

AUS DER AUGUSTINUSREGEL

Folgt man der Regel des Augustinus, dann ist Gesundheit ein hohes Gut. Nicht umsonst haben die Klöster die Heilkunst weit entwickelt. Der von Gott erschaffene Körper verdient respektvollen Umgang und Pflege. »Tu deinem Leib Gutes, damit die Seele Lust hat, darin zu wohnen«, soll die Karmeliterschwester Theresa von Ávila gesagt haben. Weil Leib und Seele eine Einheit bilden, muss für beide gesorgt werden. Wie die Seele verdient der Leib unsere Aufmerksamkeit, er braucht ausgewogene Ernährung, Bewegung und die notwendige medizinische Behandlung.

Ein übertriebener Kult um den Körper hingegen entspricht nicht dem Geist der Regel, wenn dadurch die Sorge um die Seele vernachlässigt wird.

EXERZITIUM

Dienen meine Ernährung, mein Freizeitverhalten und die medizinische Sorge für meinen Körper meiner Gesundheit? Wenn nicht, versuche ich, mein Verhalten zu ändern.

Haben

*Wenn jemand auf Gottes Eingebung hin zu uns
kommt und dieses Leben annehmen will, soll ihr
sorgfältig die Grundhaltung unseres Lebens erklärt
werden. Und wenn sie geeignet ist, sage man ihr das
Wort des heiligen Evangeliums: »Geh, verkauf alles,
was du besitzt, und gib den Erlös eifrig den
Armen.«*

*Die Schwestern sollen die heilige Armut stets ohne
Abstriche befolgen, das heißt weder selbst oder durch
einen Vermittler Besitz oder Eigentum anzunehmen
oder zu besitzen. Ausgenommen ist so viel Land, wie
zu einem würdigen Leben in der Abgeschiedenheit
des Klosters notwendig ist. Dieses Land soll
ausschließlich als Garten für den Eigenbedarf
genutzt werden.*

AUS DER KLARAREGEL

Klara und Franziskus stammten aus vermögenden Familien. Ergriffen von den Worten Jesu gaben sie ihr Erbe auf und lebten aus eigener Entscheidung wie die Ärmsten ihrer Zeit. Nur das zum Leben Nötigste gestatteten sie sich. Diese radikale Armut kann uns heute befremden. Finanzielle Sicherheit und sozialer Status, der sich vor allem am Eigentum festmacht, gelten in unserer Gesellschaft als erstrebenswert. Die bunte Werbewelt weckt das Bedürfnis, mehr haben zu wollen. Aber macht Haben selig? Besitz kann eine Last sein und unfrei machen. Er bindet Kräfte, weil er erwirtschaftet, verwaltet und erhalten werden will. Besitzt uns unser Besitz?

Eine innere Lösung vom Materiellen kann eine wirkliche Erleichterung sein. »Selig, die arm sind im Geist« (Mt 5,3), so drückt die Bergpredigt Jesu diese Haltung aus. Sie befreit vom Drang, immer mehr haben zu wollen. Denn Konsum ist kein Lebensinhalt, der trägt. Er verstellt unsere wirklichen Sehnsüchte und lenkt vom Wesentlichen ab. Auch wenn wir den radikalen Schritt Klaras in die Armut nicht mitgehen können, ihre innere Haltung der Unabhängigkeit von materiellen Dingen könnten wir dennoch für uns entdecken.

EXERZITIUM

Ob ich es schaffe, für eine gewisse Zeit nichts zu kaufen, was nicht dringend zum einfachen Leben nötig ist? Ich verzichte für eine Woche auf das Einkaufen, abgesehen von Dingen des alltäglichen Bedarfs, um zu prüfen, wie sehr ich vom Materiellen abhängig bin. Dabei gesparte Zeit und gespartes Geld verwende ich für bewusst gewählte, sinnvolle Zwecke.

Heiliger Alltag

Zum Gebet und zum Psalmengesang sowie zu mehreren anderen Dingen ist jede Zeit geeignet. So können wir, während sich die Hände zur Arbeit regen, zugleich mit der Zunge durch Psalmen und geistliche Lieder Gott preisen. So verrichten wir während der Arbeit das Gebet und danken dem, der uns die Kraft der Hände zur Arbeit und die Weisheit des Verstandes zur Erlangung der Erkenntnis verleiht, wie auch das Material für das Werkzeug und die von uns verfertigten Kunstgegenstände liefert. Wir bitten ihn, die Arbeit unserer Hände möchte ihren Zweck, Gott wohl zu gefallen, erreichen.

Aus der Basiliusregel

Diese Worte atmen den Geist der ostkirchlichen Spiritualität. Dahinter stehen unzählige Erfahrungen der Wüstenväter, die Wege suchten das Wort des Paulus zu beherzigen: »Betet ohne Unterlass!« (1 Thess 5,17). Im Westen sind wir es eher gewohnt, die verschiedenen Lebensbereiche, das Private und das Berufliche, Verwandte und Freunde, das Alleinsein und die Gemeinschaft, Weltliches und Spirituelles zu trennen.

Die ostkirchliche Tradition dagegen setzt darauf, dass letztlich alles zusammengehört, dass etwa Arbeit und Gebet zu einem einzigen Tun werden. So kann die alltägliche Arbeit durch den Kontakt mit Gott einen anderen Glanz bekommen. Bei einem meditierenden Arbeiten können Menschen die Erfahrung machen, dass die Frucht ihrer Arbeit im Letzten ein Geschenk ist und nicht nur Ergebnis der eigenen Leistung.

EXERZITIUM

Ich nehme mir an einem Tag vor, bei bestimmten einfachen Tätigkeiten wie Abspülen, Bügeln oder Putzen auf Medien zu verzichten und stattdessen ganz bei mir zu sein und vielleicht auch ins Beten zu kommen. Das kann dadurch geschehen, dass ich meine Gedanken freien Lauf lasse und sie bewusst vor Gott bringe. Ich kann auch auf die alte ostkirchliche Tradition des ständigen Wiederholens eines kurzen Gebetswortes zurückgreifen, das ich leise oder halblaut im Fluss des Atems vor mich hinspreche.

Hilfe

Ohne Furcht soll eine der anderen ihre Not offenbaren. Und wie eine Mutter ihre leibliche Tochter liebt und für sie sorgt, so liebe und umsorge auch eine Schwester ihre geistliche Schwester mit großer Aufmerksamkeit.

AUS DER KLARAREGEL

Wer um Hilfe bittet, gesteht ein, schwach zu sein. Schwäche jedoch gilt in unserer Gesellschaft als Eigenschaft von Verlierern. Aber unsere Kräfte sind beschränkt. Auf Dauer kann niemand beständig über dem Limit leben. Gnadenloser Leistungsdruck und Konkurrenz machen Menschen kaputt.

Der Apostel Paulus stellt die Ideologie der Stärke auf den Kopf. »Wenn ich schwach bin, dann bin ich stark« (2 Kor 12,10), schreibt er in seinem zweiten Brief an die Korinther. Es bedarf einer gewissen Stärke, die eigene Schwäche einzugestehen. Es braucht Mut, Hilfe zu erbitten und anzunehmen. Wer so den eigenen Stolz überwindet zeigt Größe. Ebenso wer den Glauben aufbringt, sich in seiner ganzen Schwäche Gott anzuvertrauen. Nicht der Wille zur Macht macht uns zu Menschen, sondern die Erkenntnis unserer Ohnmacht. Die eigenen Grenzen zu kennen und zu respektieren ist ein Zeichen von Reife.

EXERZITIUM

In welchem Lebensbereich brauche ich Hilfe, ohne es bisher mir selbst oder anderen einzugestehen? Ich spreche eine geeignete Person an und bitte um ihre Unterstützung. Meine Hilfsbedürftigkeit bringe ich auch vor Gott.

Identität

Die arm ins Kloster eingetreten sind, sollen sich nichts darauf einbilden, jetzt mit solchen Menschen Umgang zu pflegen, denen sie sich vorher nicht zu nähern wagten. Vielmehr soll ihr Herz nach Höherem streben und nicht nach irdischem Schein. Die Klöster wären ja nur für die Reichen von Nutzen, nicht für die Armen, wenn dort die Reichen demütig würden, die Armen aber hochmütig.

Andererseits dürfen jene, die in der Welt etwas zu sein schienen, ihre Brüder nicht geringschätzen, die aus einfachen Verhältnissen in diese heilige Gemeinschaft gekommen sind.

AUS DER AUGUSTINUSREGEL

Wer bin ich? Etwas weniger als dieser, aber immer noch besser als jener? Wie sehr sich Menschen über Besitz und Bildung definieren, konnte der Mönchsvater Augustinus in seiner eigenen, aus verschiedenen sozialen Schichten zusammengewürfelten Gemeinschaft erleben. Menschen verstehen sich gerne aus der Abgrenzung von anderen oder aus der Identifikation mit anderen, statt aus sich selbst.

Gott sieht nicht auf die Person (Apg 10,34), ist mit der Bibel dagegenzuhalten. Es ist nicht recht, sich über andere zu erheben und auf sie herabzusehen. Es besteht aber auch keine Notwendigkeit, an der Größe anderer teilhaben zu wollen. Vor Gott sind alle Menschen wertvoll, unabhängig von ihrem sozialen Status. Wer darauf baut, kann selbstbewusst durchs Leben gehen. Das stärkt die Identität, die Übereinstimmung mit sich selbst. Wir dürfen auf uns selbst vertrauen und uns annehmen, wie wir sind, statt uns an anderen zu messen. Sich selbst zu lieben, ohne dabei selbstverliebt zu sein, ist auch die Voraussetzung dafür, Gott und die Nächsten wirklich lieben zu können.

EXERZITIUM

Wenn ich merke, dass ich mich mit anderen vergleiche, atme ich tief durch und schaue auf mich selbst. Ich versuche, mich so anzunehmen, wie ich bin.

Kleidung

*Die Äbtissin soll die Schwestern mit passender
Kleidung versorgen, die zu den Personen, Orten,
Zeiten und kälteren Regionen passt, ganz wie es ihr
notwendig scheint. Und aus Liebe zum heiligen und
geliebten Jesuskind, das in ärmliche Windeln
gewickelt in der Krippe lag, und zu seiner heiligen
Mutter, ermuntere, bitte und ermahne ich meine
Schwestern, stets einfache Kleidung zu tragen.*

AUS DER KLARAREGEL

Die Kleidung der Nonnen und Mönche orientierte sich ursprünglich an der Alltags- und Arbeitskleidung der einfachen Leute und war vor allem zweckmäßig. Ein Ordensgewand vereinfacht das Leben. Wer es täglich trägt, muss sich um Kleidung kaum sorgen, keine Zeit aufwenden für Einkäufe und keine Wahl vor dem Kleiderschrank treffen.

Heute sind Ordensleute in der Öffentlichkeit sofort an ihren Gewändern zu erkennen. Die Kleider sind nicht nur eine Vorschrift aus der Ordensregel, sie symbolisieren auch den Geist des Klosterlebens. Es ist kein Zufall, dass »Habitus« sowohl Haltung meint als auch das Ordensgewand, den Habit. Kleidung macht eine innere Einstellung nach außen sichtbar. Dass Kleider Leute machen, ist eine alte Einsicht. Sie verraten, wie ich mich selbst verstehe oder wie ich mich gerne sehen würde und wie andere mich wahrnehmen sollen. Wenn diese Botschaft nicht durch das Innere der Person gedeckt ist, wird Kleidung zur Verkleidung.

EXERZITIUM

Welche Haltung möchte ich auf dem Laufsteg des Lebens durch meine Kleidung ausdrücken? Wie bringe ich mein inneres und äußeres Bild in Übereinstimmung?

Wenn ich auf andere schaue, stecke ich sie wegen ihrer Kleidung in Schubladen? Wie schnell beurteile ich Menschen nach ihrem Äußeren?

Kritik

Wenn ihr eine Verfehlung bei einem Mitbruder bemerkt, dann ermahnt ihn sogleich, damit das begonnene Unheil nicht noch schlimmer wird und er sein Verhalten so schnell wie möglich bessert. Sieht man aber nach einer solchen Ermahnung oder auch sonst, dass dieser Bruder doch wieder dasselbe tut, dann soll jeder, der das merkt, ihn als verwundet betrachten und der Heilung bedürftig. Aber zunächst sollst du nur ein oder zwei weitere Personen darauf aufmerksam machen, damit dieser Bruder durch die Aussage von Zweien oder Dreien von seinem Fehler überzeugt werden kann und mit angemessener Strenge zur Ordnung gerufen wird. Du darfst nicht meinen, dass du lieblos handelst, wenn du das tust. Im Gegenteil. Du lädst Schuld auf dich, wenn du deine Brüder durch dein Stillschweigen ihrem Untergang entgegengehen lässt, statt sie zu bessern, indem du enthüllst, was du weißt.

Aus der Augustinusregel

Soll man sich in das Leben anderer einmischen? Darf man es jemandem sagen, wenn man ihn auf dem falschen Weg meint? Der Mönchsvater Augustinus ist fest davon überzeugt. Das Zurechtweisen unter Brüdern ist eine vorgeschriebene Praxis. Es geht nicht um Kritiksucht und Rechthaberei, sondern darum, dem anderen zu helfen. Daher sollte Kritik in Liebe vorgebracht werden und nicht verletzen.

Weil die Lebenserfahrung zeigt, dass Menschen auf Kritik oft ablehnend reagieren und deswegen ihre Fehler erst recht nicht ändern, wird ein bestimmtes Verfahren vorgeschlagen, das sich auch auf unser Leben übertragen lässt. Zunächst wird das Gespräch unter vier Augen gesucht. Hilft dies nichts, werden diskret weitere Personen hinzugezogen, die dem anderen helfen können, seinen Fehler einzusehen. Nur wenn auch das nicht weiterführt, wird der Vorgesetzte einbezogen und schließlich das Problem öffentlich gemacht. Fruchten alle Ermahnungen nichts, steht ganz am Ende die Trennung, der Ausschluss aus der Gemeinschaft.

EXERZITIUM

Wo in meinen Beziehungen zu anderen ist eine ehrliche Aussprache notwendig, um die Dinge zu klären? Ich suche Worte, die von Liebe getragen sind und die es dem anderen ermöglichen, meine Kritik anzunehmen. Ich benenne auch, was mich zu dieser Aussprache bewegt und welche Hoffnung ich damit verbinde.

Bin ich selbst fähig, Kritik anzunehmen? Ich erinnere mich an Situationen, in denen ich mit Kritik konfrontiert wurde. Wie habe ich reagiert und warum gerade so?

Konkurrenz

Kein Bruder soll eine Machtstellung oder ein Herrscheramt innehaben, vor allem nicht unter den Brüdern selbst. Denn wie der Herr im Evangelium sagt: »Die Fürsten herrschen über die Völker und die Großen üben Macht aus.« So soll es unter den Brüdern nicht sein. Und wer auch immer der Größere unter ihnen werden will, der sei ihr Diener und Knecht. Und wer der Größere unter ihnen ist, werde wie der Geringere.

Und keiner soll »Prior« genannt werden, sondern alle sollen generell »Mindere Brüder« heißen. Und einer wasche des anderen Füße.

AUS DER FRANZISKUSREGEL

Der Orden der Franziskaner wird offiziell als »Ordo Fratrum Minorum« bezeichnet, wörtlich übersetzt »Orden der kleineren Brüder«. In dieser Gemeinschaft von Brüdern hat niemand die Rolle eines Ordensvaters inne, auch nicht der Gründer selbst. Doch auch unter Brüdern und Schwestern entsteht Konkurrenz. Unter leiblichen Geschwistern wäre manch jüngeres Geschwisterkind gerne einmal der oder die Größere. Es scheint zum Menschen zu gehören, dass er sich in Konkurrenz mit anderen befindet. Unsere Wirtschaftsordnung lebt vom Wettbewerb und dem Drang, sich gegen andere durchzusetzen.

Franziskus hingegen will keine Konkurrenzgesellschaft, in der die einen die anderen dominieren. Er träumt aber auch nicht von einer abstrakten Gleichheit der Menschen. Vielmehr will er bewusst der Kleinere sein, um Jesus Christus nachzuahmen, der sich selbst erniedrigt hat. Für Franziskus war der soziale Abstieg nichts, was er erdulden musste, sondern was er aktiv verwirklicht hat. Es war eine bewusste Karriere nach unten, die nur mit entsprechendem Selbstbewusstsein möglich ist, das sich aus dem Vertrauen auf Gott speist. Niemand wird Franziskus kopieren können. Doch wer sich von ihm inspirieren lässt, kann erfahren, wie der Konkurrenzdruck unterlaufen werden kann und wie befreiend es ist, auch einmal der Kleinere sein zu dürfen.

EXERZITIUM

Ich stelle mir Situationen vor, in der ich der Kleinere und Unbedeutendere bin. Welche Gefühle verbinde ich damit? Was verändert sich, wenn ich in diese Rolle bewusst einnehme und positiv fülle?

Konzentration

Die Schwestern sollen im Speisesaal während des Essens schweigen.

AUS DER KLARAREGEL

Multitasking ist die Fähigkeit, alles gleichzeitig zu machen. In unserer beschleunigten Welt wird dies als moderne Tugend verkauft. Dahinter steckt aber eine Erwartung, die nicht zu erfüllen ist. Immer noch mehr in weniger Zeit leisten, das zehrt an den Kräften. Wer mehreres gleichzeitig tut, kann gar nicht ganz bei der Sache sein. Beim Telefonat klappert im Hintergrund die Computertastatur. In der Besprechung werden gleichzeitig SMS bearbeitet. Beim Blick über die Hausaufgaben der Kinder laufen im Hintergrund die Nachrichten.

Selbst ohne diese modernen Kommunikationsmittel sah es die heilige Klara vor 800 Jahren für geboten, den Schwestern »Monotasking« zu verordnen. Beim Essen sollen sie schweigen. Anders gesagt: eines nach dem anderen. Wir werden uns den Anforderungen unserer Zeit nicht ganz entziehen können. Aber hier und da tut es gut, sich für eine gewisse Zeit auf eine Sache zu konzentrieren.

EXERZITIUM

Ich esse meine Mahlzeit in Stille, ohne Ablenkung durch Zeitung oder Radio. Meine Konzentration gilt ganz dem Essen. Ich mache mir bewusst, dass ich mit der Nahrung neue Lebenskraft zu mir nehme.

Körpererfahrung

Eine übertriebene Sorge um den Leib muss kritisiert werden. Eine gebührende Wachsamkeit, die darauf schaut, wie die Gesundheit und die Köperkräfte für den Göttlichen Dienst erhalten werden, ist hingegen zu loben.

Die Züchtigung des Körpers darf nicht maßlos sein, nicht unbedacht in Fasten, Nachtwachen und anderen äußeren Bußübungen und Mühseligkeiten, die größere Güter schädigen oder verhindern. Es geht darum Gott, unseren Herrn, mit unserer Seele und mit unserem Leib mehr zu verherrlichen.

AUS DER IGNATIUSREGEL

Den Körper zu beherrschen gehört zu den großen spirituellen Herausforderungen des Klosterlebens. Strenge Übungen sollten bei der Kontrolle über körperliche Begierden helfen.

Ignatius warnt vor einem Übermaß an Strenge gegen den Leib. Denn für ihn war der Körper nicht nur etwas Negatives, sondern Teil der guten Schöpfung Gottes.

Es war sicher kein Zufall, dass es im 20. Jahrhundert gerade Jesuiten waren, die über die Begegnung mit der Zen-Meditation aus Japan das Beten und Meditieren mit dem Leib neu nach Europa brachten. Seither sind geistliche Übungen in der Regel mit Körperarbeit verbunden. Dabei geht es darum, durch sanfte Übungen die Präsenz im eigenen Leib zu erfahren. So kann sich die Erfahrung einstellen, dass der Mensch nicht nur einen Körper hat, sondern Leib ist. Die Arbeit mit dem Leib ist auch ein Weg, mit Gott in Kontakt zu kommen, der selbst einen menschlichen Leib angenommen hat.

EXERZITIUM

Durch eine einfache Übung komme ich in Kontakt mit meinem Körper. Ich stelle mich aufrecht hin und nehme mit den Fußsohlen bewusst Verbindung mit dem Boden auf. Ich achte auf meinen Atem. Ich breite meine Arme seitlich aus und nehme eine Kreuzhaltung ein. Ich verweile in dieser Haltung einige Minuten und versuche ganz in meinem Körper gegenwärtig zu sein. Mit gesenkten Armen lasse ich die Übung nachklingen.

Liebe

Vor allem, meine liebsten Brüder, soll Gott geliebt werden, dann auch der Nächste. Das sind die Hauptgebote, die uns gegeben wurden.

AUS DER AUGUSTINUSREGEL

Seiner Regel stellt Augustinus das doppelte Liebesgebot Jesu voran, Gott und den Nächsten zu lieben wie sich selbst. Dass Liebe vorgeschrieben wird, ist eigentlich paradox. Wahre Liebe erträgt keinen Zwang. Doch es geht nicht um die Erfüllung einer Vorschrift, sondern um eine Grundhaltung, um eine liebende Einstellung gegenüber der Wirklichkeit. Ein Leben aus der Liebe macht sämtliche Gebote überflüssig. Wer liebt, macht alles richtig. Darum sagt Augustinus an anderer Stelle: »Liebe und dann tue, was du willst.«

Liebe als christliche Grundtugend baut auf ein optimistisches Weltbild. Sie vertraut darauf, dass die Welt prinzipiell gut ist. Ihre dunklen Seiten können durch tätige Liebe und mit Gottes Hilfe zum Guten geführt werden. Das Liebesgebot fordert dazu auf, anderen mit Vertrauen statt mit Misstrauen zu begegnen. Damit soll nicht geleugnet werden, dass Liebe auch enttäuscht werden kann. Aber Gleichgültigkeit, Egoismus und Hass sind keine Alternativen. Ebensowenig der Rückzug in kleine Biotope der exklusiven Liebe. Denn die spezielle Liebe für einen Lebenspartner, für die Familie, für eine Heimat oder eine Arbeit darf nicht gegen eine umfassende Liebe ausgespielt werden. Auf die Spitze getrieben wird diese Grundhaltung der Liebe durch den herausfordernden Aufruf Jesu, sogar noch die Feinde zu lieben (Mt 5,44).

EXERZITIUM

Liebe ist ein vielschichtiger Begriff. Wen und was liebe ich? Ich schreibe auf: Liebe ist für mich …

Mahlzeit

*Jede Mahlzeit sollte eine Agape sein, wo sich unsere
brüderliche Liebe verwirklicht mit Freuden und
einfältigem Herzen.*

*Das Schweigen, das manchmal bei den Mahlzeiten
eingehalten wird, bringt dir Erfrischung, wenn du
müde bist, oder Gemeinschaft im Gebet für den
Gefährten, der mit dir dasselbe Brot isst.*

AUS DER REGEL AUS TAIZÉ

Was unterscheidet den Menschen vom Affen? Für den Frühgeschichtler Richard Leakey ist es klar, dass es nicht in erster Linie der aufrechte Gang oder der Gebrauch von Werkzeug ist. »Die entscheidende Abweichung war die ganz neue Verhaltensweise, Nahrung zu suchen, um sie erst später zu verzehren, sowie der Verzehr in der Gruppe.« Das gemeinsame Essen wurde in allen Kulturen zu einer wichtigen Ausdrucksform der Gemeinschaft, manchmal auch der Gleichrangigkeit und Intimität. Hängt das damit zusammen, dass sich ein menschliches Wesen bei der Nahrungsaufnahme im wahrsten Sinne des Wortes mit allen Sinnen öffnet, mit Nase, Auge und Mund?

Die gemeinsame Mahlzeit kann also mehr als ein Zeichen der Liebe, was das biblische Wort Agape meint, sein. Sie kann diese Liebe wirklich werden lassen, ohne dass Worte notwendig werden. So essen die Brüder in Taizé von Zeit zu Zeit im Schweigen. Wer schon an einem Schweigekurs teilgenommen hat, kennt die erstaunliche Erfahrung, wie sich Menschen, die schweigend miteinander essen, einander nahe kommen können, selbst wenn sie sich noch nicht kennen.

EXERZITIUM

Wenn ich mit anderen zusammen esse, gestalte ich dies bewusst. Die Mahlzeit kann einfach sein, der Tisch wird ansprechend gedeckt. Wir beginnen gemeinsam mit einem Gebet oder einer Einleitung, die zum Ausdruck bringt, dass es schön ist, zusammen zu sein.

Rituale können dies unterstützen, indem zum Beispiel allen aus einer Flasche Wasser eingeschenkt, ein Stück Brot gebrochen oder die Speisen von einer Person an alle ausgeteilt werden.

Motivation

Lebe nicht in ständiger Furcht, Fehler zu machen,
sondern lebe aus der Liebe und dem Verlangen nach
Vollkommenheit und nach der größeren Ehre und
Verehrung Christi unseres Schöpfers und Herrn.

AUS DER IGNATIUSREGEL

Wie funktioniert eine Gesellschaft? Genügt es, wenn alle sich an die Regeln halten und nichts Verbotenes tun? Jede Gesellschaft kennt ein Strafrecht, das Vergehen ahndet und abschrecken will, die Gesetze zu übertreten. Auch die Religionen kennen Sanktionen für falsches Verhalten. Doch etwas ordnungsgemäß zu tun, bedeutet noch nicht, es auch gut zu tun. Das Einhalten des Gesetzes genügt nicht als Motivation für das Gute. Dazu ist eine andere Kraftquelle notwendig.

Die Konstitutionen der Jesuiten ersetzen die negative Motivation der Angst vor Übertretung durch zwei positive Kräfte: zunächst das Streben nach Liebe und Vollkommenheit, eine Urmotivation bei der Entstehung der Orden, die auf das Jesuswort an einen reichen Jüngling zurückgeht: »Wenn du vollkommen sein willst, geh, verkaufe deinen Besitz, und gib das Geld den Armen; dann komm und folge mir nach!« (Mt 19,21). Hinzu kommt als zweite Motivation, was zum Leitspruch der Jesuiten wurde: das Bemühen um die größere Ehre Gottes. Wirkliche Motivation kommt also aus einer optimistischen Weltsicht, dass Liebe möglich ist, dass der Mensch vollkommener werden und nach dem Unendlichen streben kann.

EXERZITIUM

Beziehe ich meine Motivation eher aus dem Vermeiden von Fehlern oder aus der Sehnsucht, Gutes zu tun? Gibt es in meinem Leben einen Bereich, den ich pessimistisch angehe? Ich versuche zu einer eher optimistischen Einstellung zu gelangen.

Perfektion

*Wenn das Streben nach Vollkommenheit darin
besteht, den eigenen Standpunkt vorschreiben zu
wollen, als sei er der beste, ist es wie eine Plage in der
Communauté. Die Vollkommenheit liegt gerade im
Ertragen der Unvollkommenheit des Nächsten –
und dies aus Liebe.*

AUS DER REGEL VON TAIZÉ

Viele zwischenmenschliche Konflikte haben ihren Grund nicht in der Unterschiedlichkeit von Menschen, sondern in dem Anspruch, dass der andere sich so verhalten oder gar so werden soll, wie man es sich selbst vorstellt. Die anderen sind dann perfekt, wenn sie dem eigenen Entwurf, den man sich von ihnen gemacht hat, ähnlich werden.

Nach Perfektion zu streben, wird in dieser Gemeinschaftsregel keineswegs abgelehnt. Aber perfekt zu sein heißt hier nicht, etwas außerordentlich gut zu können, eine Aufgabe aufs Genaueste zu erledigen oder besonders tugendhaft zu sein. Es bedeutet auch nicht, die Vorgaben am Arbeitsplatz, die Organisation in der Familie, die Erwartungen der Verwandten oder die Ansprüche des Partners perfekt zu erfüllen. Als perfekt wird derjenige bezeichnet, der gerade die Unzulänglichkeit des anderen in Liebe erträgt.

EXERZITIUM

Ich versuche, es auszuhalten, wenn ein Mensch meinen Ansprüchen nicht genügt. Ich mache keine Vorwürfe und verhalte mich nicht herablassend.

Politik

*Angesichts des Elends und der Tränen der Armen,
können wir, ohne ihnen Unrecht zu tun, keine
»stumme Hunde« sein. Deshalb informieren wir
uns so objektiv wie möglich über die Geschichte und
die soziale und politische Situation des Landes und
besonders der Menschen, zu denen wir gesandt sind.
Die Liebe bringt uns dazu, die Ungerechtigkeiten
anzuprangern, deren Zeugen wir sind.
Wir tun dies so gut es geht zusammen mit den
Armen selbst, ohne ihren Platz einnehmen zu
wollen. Aber wir sind, wenn es nötig ist, immer
dazu bereit, die Sprecher für diejenigen zu sein, die
keine Stimme und keinen Einfluss haben.
Angesichts der Ungerechtigkeiten derart Position zu
beziehen, bringt für uns manchmal anstrengende
Folgen und schmerzhafte Spannungen mit sich.*

AUS DER REGEL DER KLEINEN BRÜDER

Politik zu betreiben scheint keine Aufgabe von Ordensleuten zu sein. Politische Ämter zu bekleiden ist ihnen sogar verboten. Warum nehmen also hier die politische Bildung und das politische Handeln einen derart gewichtigen Raum ein? Die Gemeinschaft der Kleinen Brüder interessiert sich nicht allgemein für Politik, sondern tut das aus einer bestimmten Perspektive heraus: um zusammen mit den Armen oder stellvertretend für diese zu agieren. Sie ist sich bewusst, dass sie damit auch aneckt und sich Unannehmlichkeiten einhandelt.

Politik und Glaube erscheinen vielen heute als getrennte Bereiche. Für die Kleinen Brüder hingegen ist beides eng miteinander verknüpft, so wie es einmal eine kirchliche Versammlung formulierte: »Je mystischer wir Christen sind, desto politischer werden wir sein.« Politik in diesem Sinn heißt, die Ursachen der Ungerechtigkeit zu bekämpfen und nicht nur die Symptome zu behandeln. Demnach kann Glaube nicht unpolitisch gelebt werden, vielmehr verstärkt sich beides gegenseitig.

Sich politisch zu informieren und zu engagieren hat ein klares Ziel, nämlich den Notleidenden, denen, die sich nicht selbst zu helfen wissen, ein besseres Leben zu ermöglichen. Über die richtigen Wege zu diesem Ziel wird man sich streiten müssen. Das Ziel selbst ist vorgegeben und ist zugleich der Motor für das eigene Handeln.

EXERZITIUM

Ich informiere mich über ein Problem, wodurch Menschen in Not geraten sind, und engagiere mich politisch dafür, deren Situation zu verbessern.

Pflicht

Ein Gehorsam dieser Art ist nur dann Gott angenehm und für die Menschen beglückend, wenn das, was angeordnet wurde, nicht nachlässig, nicht lustlos oder gar mit Murren und Widerrede ausgeführt wird.

AUS DER BENEDIKTSREGEL

Heutzutage gilt die Erfüllung von Pflichten, eine früher sehr hoch geschätzte Tugend, als etwas Lästiges. Pflichtaufgaben werden deswegen gerne aufgeschoben. Auch Verpflichtungen, die wir freiwillig eingegangen sind, erweisen sich im Alltag oft genug als mühevoll. Die Benediktsregel zeigt, dass es auch in einer damals sehr viel autoritärer geprägten Zeit nicht selbstverständlich war, die eigenen Pflichten voll Freude zu erfüllen.

Doch für Benedikts Lebensentwurf waren auch die lästigen Tätigkeiten wesentlich für das große Ganze. Gehorsam zeigte sich nicht in erster Linie im Ausführen eines Auftrags eines Oberen, vielmehr war Gehorchen im eigentlichen Wortsinn ein Horchen auf die Stimme Gottes, die sich auch in ganz konkreten Dingen im Alltag zeigt. Wesentlich ist nicht das äußere Erfüllen des Auftrags, sondern nach Möglichkeit mit Herz und voll Schwung auch das zu tun, was nicht zu den eigenen Lieblingsbeschäftigungen zählt.

EXERZITIUM

Ich erledige eine Tätigkeit, die ich als lästige Pflicht erachte und lange vor mir her geschoben habe. Ich freue mich daran, wenn mir dies gelingt und belohne mich dafür.

Ratgeber

Unter Zustimmung aller sollen mindestens acht von den Schwestern gewählt werden, die ein gutes Urteilsvermögen haben. Die Äbtissin ist verpflichtet, deren Rat in allen Dingen, die unsere Lebensweise betreffen, stets anzunehmen.

AUS DER KLARAREGEL

Alleinherrschaft führt selten zu Gutem. Die Klararegel legt deswegen Wert auf einen demokratisch gewählten Rat, der die Äbtissin in der Leitung des Klosters berät. Darin steckt eine Warnung vor einsamen Entscheidungen. Dieses Lebenswissen lässt sich durchaus auf die Arbeit, auf die Familie, den Freundeskreis und das persönliche Leben übertragen. Wo hole ich mir Rat?

Ein Berater braucht eine gewisse Unabhängigkeit und Professionalität. Gute Freunde oder Verwandte haben vielleicht nicht den nötigen Abstand. Es sollte niemand sein, der einem nach dem Mund redet. Für verschiedene Lebensbereiche kann man sich entsprechende Berater suchen. Manche Menschen legen auch Wert auf einen geistlichen Begleiter. Kirchliche Mitarbeiterinnen und Mitarbeiter stehen dafür zur Verfügung. Ein guter Ratgeber wird mir zunächst dabei helfen, meine Gedanken zu ordnen und eine eigene Lösung zu finden. Aus der eigenen Lebenserfahrung heraus wird eine solche Person aber auch Ratschläge erteilen.

EXERZITIUM

Für einen Lebens- oder Arbeitsbereich, in dem ich gerade etwas ratlos bin, suche ich mir einen Ratgeber. Ich frage eine geeignete Person, ob sie bereit ist, mich für eine bestimmte Zeit zu begleiten. Wir vereinbaren Gesprächstermine, auf die ich mich jeweils vorbereite.

Schenken

*Wer in der Barmherzigkeit lebt, kennt nicht
Empfindlichkeit, nicht Enttäuschung. Er verschenkt
sich einfach, sich selbst vergessend, freudig mit der
ganzen Glut seines Herzens, frei – ohne eine
Gegenleistung zu erwarten.*

AUS DER REGEL VON TAIZÉ

Der alte römische Grundsatz »do ut des« – »ich gebe, damit du gibst« – ist heute noch Grundlage für zivilrechtliche Verträge, wie zum Beispiel eines jeden Kaufvertrags. Auch menschliche Beziehungen beruhen auf Gegenseitigkeit. Eine einseitige Beziehung ist, zumindest auf Dauer, nicht lebensfähig. Andererseits ist eine menschliche Beziehung auch gefährdet, wenn sie durch Vertragsdenken und genauen Ausgleich bestimmt wird.

Die Gemeinschaft von Taizé kennt diese Gefahr. Sie weiß von den Enttäuschungen beim Geben und Nehmen zwischen Menschen. Wer etwas gibt, gar etwas von sich selbst gibt, macht sich verletzlich. Wenn der andere nicht wie gewünscht reagiert, wenn der andere gar den Schenkenden ausnutzt, ist Enttäuschung vorprogrammiert.

Deshalb wird betont, dass das Geben nicht von der Gegenleistung abhängig gemacht werden kann. Wirkliches Geben kommt aus einer inneren Kraft. Der Schenkende denkt dabei nicht an seine eigenen Vorteile. Es ist somit für den anderen wirklich gratis und ohne Hintergedanken, sodass er in aller Freiheit das Geschenk annehmen und sich daran freuen kann.

EXERZITIUM

Ich überlege mir, wem ich gerne eine Aufmerksamkeit zukommen lassen könnte, ohne dass er oder sie mir schon etwas geschenkt hat. Ich achte darauf, ob ich ein Geschenk annehmen kann, ohne an eine Gegenleistung zu denken.

Schweigen

Während der vierzigtägigen Fastenzeit soll niemand im Sprechzimmer sprechen, es sei denn mit einem Priester, um zu beichten, oder wenn es von der Sache her absolut notwendig ist.

AUS DER KLARAREGEL

Reden ist Silber, Schweigen ist Gold. Auch der Volksmund weiß um den Wert des Schweigens. Im Kloster der heiligen Klara galt generelles Schweigen bis auf Gespräche im Sprechzimmer. Und selbst diese waren in den sechs Fastenwochen nochmal aufs Notwendigste beschränkt. Das Fasten an Worten führt dazu, bewusster zu sprechen. Je weniger ich sage, umso wertvoller wird jeder Satz.

In unserem Zeitalter der Kommunikation ist Stille zum Luxus geworden. Wer nicht ständig zu sprechen ist, wer nicht zu allem etwas sagen muss, ist fast schon privilegiert. Vieles, was gesagt wird, ist zudem unsäglich. Wir müssen längst nicht alles gehört haben. Sich dem dauernden Geräuschpegel zu entziehen ist ein Geschenk für die Seele. Und anderen mein Schweigen zu gönnen, kann auch ein Geschenk sein.

EXERZITIUM

Für einen Tag faste ich an Worten. Bevor ich etwas sage, überlege ich, ob es wirklich wichtig ist. Trägt es zum Guten bei?

Schönheit

So also sehnen sich die Menschen von Natur aus nach dem Schönen. Das wirklich Schöne und Liebenswerte aber ist das Gute. Gut aber ist Gott, und nach dem Guten drängt alles Verlangen, also drängt alles Verlangen nach Gott. Daher wird die Liebe zu Gott als ein notwendig Geschuldetes von uns gefordert.

AUS DER BASILIUSREGEL

Basilius war mit der überlieferten griechischen Philosophie aufgewachsen, für die das Schöne und das Gute eng zusammengehören. Er ist überzeugt, dass das Schöne nichts Verführerisches ist, was durch den schönen Schein blenden und den Menschen auf falsche Wege locken würde. Im Gegenteil wird für ihn der Mensch über die Ästhetik zu Gott finden, der das absolut Schöne ist. Kunst, Natur und Religion gehören zusammen, weil sie das Ganze sehen. Die Klöster haben diesen Sinn für die Ästhetik bewahrt. Noch heute bewundern wir ihre Schriften, ihre Bauten und Anlagen.

Das Schöne ist nicht nur etwas für die Freizeit. Auch für funktionale Räume, für Büros, Straßen oder ganze Industriegebiete wird zunehmend entdeckt, wie wichtig die sogenannten weichen Standortfaktoren für das Wohlbefinden der Mitarbeiter sind. Gerade in städtischen Ballungsräumen wird man sich bewusst, welch große Bedeutung Kunst und Natur für die dort lebenden Menschen haben.

Aus der Sicht der Basiliusregel ist das Schöne deshalb wertvoll, weil es ein Weg zu Gott ist. Das Sichtbare, sei es von Menschen geschaffen oder durch die Natur geschenkt, öffnet den Menschen und lädt ihn zum Staunen ein. Das sichtbar Schöne weckt im Menschen das Verlangen nach der vollkommenen Schönheit, nach Gott.

EXERZITIUM

Ich nehme mir bewusst Zeit, um etwas Schönes in Ruhe zu betrachten, in einem Museum oder in der Natur. Ich gestalten einen Teil meiner Wohnung oder meines Arbeitsplatzes neu und schön.

Sehnsucht

*Und würde einer wegen unserer menschlichen
Schwachheit und Armseligkeit keine solche im
Herrn entzündete Sehnsucht in sich finden, so frage
man ihn, ob er wenigstens eine Sehnsucht nach
dieser Sehnsucht in sich trage.*

Aus der Ignatiusregel

Ignatius legte großen Wert auf die Auswahl und Ausbildung der Jesuiten. Umso bemerkenswerter ist die zitierte Aussage, die eine ungeheure Weite zeigt. Ignatius weist einen Kandidaten nicht von vornherein ab, wenn dieser aufrichtig zugibt, dass ihn nicht die Sehnsucht nach der Liebe zu Christus antreibt. Vielmehr genügt Ignatius das Bekenntnis, dass jemand Sehnsucht nach dieser Sehnsucht hat.

Es gibt Menschen, die sich als »religiös unmusikalisch« verstehen. Sie halten Religion und Glaube zwar für etwas Wichtiges, finden aber für sich selbst nur schwer einen Zugang. Gemäß Ignatius könnten auch solch religiös Unmusikalische einen spirituellen Weg gehen. Dazu braucht es zunächst keine Tradition, keine kirchliche Sozialisation, keine religiöse Virtuosität, sondern allein die Sehnsucht nach der religiösen Sehnsucht. Das genügt für den ersten Schritt. Womöglich würde dann manch einer oder eine entdecken, dass es gar keine religiös unbegabten Menschen gibt.

EXERZITIUM

Ich frage mich, in welchen Momenten ich spüre, dass mich das normale Alltagsgeschäft nicht erfüllt. Welche Situationen haben in mir schon einmal eine tiefere Sehnsucht wachgerufen?

Stabilität

Die Schwester soll das Kloster nicht verlassen, außer aus einem nützlichen, vernünftigen, offensichtlichen und glaubwürdigen Grund.

AUS DER KLARAREGEL

Der Eintritt ins Kloster ist in der Regel eine Entscheidung für einen festen Lebensort. Vor allem die alten Orden legen großen Wert darauf, den Klosterbereich selten zu verlassen. Ein stabiles Leben an nur einem Ort steht in extremem Gegensatz zur heutigen Mobilität. Das moderne Leben macht es möglich, in kürzester Zeit an ganz verschiedene Orte zu reisen. Fernsehen, Telefon und Internet erlauben uns sogar, an mehreren Orten gleichzeitig zu sein. Das kann aber das Leben instabil machen.

Die Klosterregel weiß, dass wir einen festen Ort brauchen, an den wir gehören. Das kann ein Haus sein, eine Stadt, ein anderer Mensch, eine Familie, eine Gemeinschaft oder ein Arbeitsplatz. Die Konzentration darauf gibt Halt. Die ganze Welt kann niemand bereisen. Niemals werden wir alles, was es zu sehen und zu erleben gibt, mitnehmen können. Und wir müssen es auch nicht. Wichtiger als die Möglichkeit, an vielen Orten zu sein, ist die Qualität, mit der wir an einem Ort sind.

Die Klararegel kennt auch Ausnahmen für das Verlassen der Klostermauern. Wenn es der Seele nutzt, wenn es mit dem Lebensgrund übereinstimmt, wenn es unumgänglich ist, dann ist es gut, den Lebenshorizont zu weiten.

EXERZITIUM

Ich verbringe einige Stunden in Klausur, in Abgeschiedenheit an einem Ort. Ich nehme mir Zeit, etwas zu tun, was ich schon lange in Ruhe tun wollte. Ich konzentriere mich auf mich selbst und lebe einmal ohne Aktivität nach außen, ohne Kontakte, ohne Medien. Wenn ich tätig werde, dann eher meditativ, indem ich etwas kreativ gestalte oder etwas Besinnliches lese.

Standortbestimmung

*Mindestens zwölfmal im Jahr sollen die Schwestern
mit Erlaubnis der Äbtissin beichten.*

AUS DER KLARAREGEL

Wer weiterkommen, wer sich verbessern möchte, der muss den zurückgelegten Weg analysieren und daraus Konsequenzen für die nächsten Schritte ziehen. Solche Auswertungen sind im beruflichen Leben üblich. Man fragt sich, was an einem Projekt gut und was nicht gut gelaufen ist. Viel seltener ist diese kritische Reflexion im privaten Leben. Im Kloster erfüllt vor allem die Beichte diese Funktion. Damit dieser Rechenschaftsbericht, der auch schmerzhaft sein kann, nicht unter den Tisch fällt, behält die Äbtissin die Übersicht. Aber wer fordert uns zu einer ganz persönlichen Standortbestimmung auf? Oft zwingt uns erst eine Krise in unserem Leben dazu. Dann ist es manchmal zu spät.

Die Klararegel hält es für notwendig, sich einmal im Monat Zeit zu nehmen, auf das eigene Leben zu blicken und sich zu fragen: Wo stehe ich gerade? Was bestimmt momentan mein Leben? Was ist in der letzten Zeit gut gelaufen, was nicht? Was möchte ich ändern? Zur Revision meines Lebens gehört aber auch die Frage nach meiner Vision. Welche Ideale und Ziele habe ich eigentlich?

EXERZITIUM

Ich lege einmal im Monat einen Besinnungstag ein. Das kann ein ganzer Tag sein, an dem ich über mein Leben nachdenke, oder auch nur eine Stunde. Vielleicht ist es sinnvoll, mit einem Menschen meines Vertrauens über meine Einsichten zu sprechen.

Sterblichkeit

Auch für die Verstorbenen sollen sie beten, am
Abend sieben Vaterunser, am Morgen zwölf.

AUS DER KLARAREGEL

Das Sterben ist aus unserem Alltag verschwunden. Die wenigsten Menschen haben einen Sterbenden begleitet oder einen Toten berührt. Gleichzeitig hat das virtuelle Sterben in den Medien zugenommen. Es erreicht uns aber nicht direkt. Sterben ist jedoch ein unabwendbarer Teil unseres Lebens. Es ist nicht nur der definitive Schluss unserer irdischen Existenz, den wir gerne weit von uns schieben, der Tod begleitet uns tagtäglich. Das Leben läuft ständig darauf hinaus. »Lebe stets im Gedenken an den Tod«, sagt eine alte Weisheit.

Dieses Lebenswissen ist im Kloster präsent. Im täglichen Gebet wird an die eigene Sterblichkeit erinnert und der Toten gedacht. Daraus erhält das Leben eine tiefe Ernsthaftigkeit. »Carpe diem«, ergreife den Tag, dieses Motto des römischen Schriftstellers Horaz gilt auch für die Lebensführung im Kloster. Allerdings nicht im dem Sinne, die verbleibende Zeit mit Zerstreuungen zu verschwenden. Auch nicht durch Melancholie und Traurigkeit. Sondern durch Ernsthaftigkeit in allem, auch in der Freude.

EXERZITIUM

Wie die meisten Künste fällt uns auch die Kunst des Sterbens nicht einfach in den Schoß. Sie muss erlernt und eingeübt werden. Ein wichtiger Schritt ist, die eigene Sterblichkeit zu akzeptieren. Eine schwierige, aber eindrucksvolle Übung ist, Regelungen für den eigenen Tod zu treffen. Dazu könnte gehören, ein Testament zu verfassen, eine Patientenverfügung auszuarbeiten, die eigene Todesanzeige und den eigenen Grabstein zu gestalten.

Störungen

*Wenn du unaufmerksam bist, kehre in das Gebet
zurück, sobald du deine Zerstreutheit bemerkst, ohne
darüber zu jammern; wenn du mitten im Gebet
deine Schwachheit erfährst, so besitzt du dennoch
das Unterpfand des Sieges Gottes.
Es gibt Tage, wo für dich das gemeinsame Gebet
schwer wird. Wisse dann deinen Leib darzubieten,
da ja schon deine Anwesenheit ein Zeichen ist für
dein im Augenblick nicht zu verwirklichendes
Verlangen, deinen Herrn zu loben. Glaube an die
Gegenwart Christi in dir, auch wenn du keine
spürbare Resonanz davon feststellst.*

AUS DER REGEL VON TAIZÉ

»Störungen haben Vorrang«, heißt ein viel beachteter Grundsatz heutiger Gesprächsführung. Doch eine Gemeinschaft lebt auch davon, dass nicht jede Störung bei Einzelnen als Problem für alle thematisiert wird. Die Taizéregel schlägt zwei Wege vor, wie mit inneren Störungen oder Zerstreutheit beim gemeinschaftlichen Beten umgegangen werden kann. Der erste Vorschlag zielt darauf, einfach liebevoll da zu bleiben. Jeder, der schon schweigend meditiert hat, kennt die Erfahrung der vielen Gedanken, die durch den Kopf jagen. Hier gilt es, diese liebevoll wahrzunehmen, sie wie Wolken am Himmel vorüberziehen zu lassen und wieder zur Gebetsübung zurückzukehren.

Ein zweiter Vorschlag, der eine uralte Erfahrung aufnimmt, ist die Aufmerksamkeit auf den eigenen Körper. Der zerstreute Geist kann sich neu sammeln, wenn das Bewusstsein auf die körperliche Präsenz gelenkt wird. Das gilt nicht nur fürs Beten, sondern auch für Gespräche zwischen Menschen. Selbst in ermüdenden Sitzungen kann es helfen, bewusst den eigenen Körper wahrzunehmen, auf den Atemfluss, den Kontakt zum Boden und zur Sitzfläche zu achten, sich dabei ausdrücklich aufzurichten und so wieder neu auszurichten.

EXERZITIUM

Wenn ich mir bei einem Gespräch mit Menschen oder in einem Gebet bewusst werde, dass ich zerstreut bin, werde ich nicht aussteigen, sondern versuchen, über ein bewusstes Sitzen präsent zu bleiben oder zu werden.

Unzufriedenheit

Vor allem darf niemals das Übel des Murrens aufkommen, in keinem Wort und keiner Andeutung, was auch immer als Anlass vorliegen mag. Wenn es zum Beispiel die Gegebenheiten mit sich bringen, dass sich nur wenig oder gar kein Wein beschaffen lässt, dann sollen die Brüder Gott preisen und nicht murren. Denn das möchten wir besonders einschärfen: unterlasst das Murren.

AUS DER BENEDIKTSREGEL

Unzufriedenheit hat oft mit dem Gefühl zu tun, zu kurz zu kommen. Deutlich zeigt sich das bei Kindern, wenn sie sich gegenüber Geschwistern benachteiligt fühlen. Auch in einer Ordensfamilie zeigt sich dieses Phänomen. Benedikt warnt deshalb in seiner Regel mehrfach davor, sich unzufrieden zu zeigen. Er empfiehlt, unangenehme Situationen auszuhalten, womöglich sogar gelassen anzunehmen, sie so sein zu lassen, wie sie nun einmal sind. Denn Jammern hilft nicht weiter. Es verändert die Situation nicht und nimmt in der Regel sogar noch die Kraft, sich für eine Veränderung einzusetzen.

Statt der eigenen Unzufriedenheit Raum zu geben, sollen die Brüder vielmehr Gott loben. Das erscheint als Widerspruch, denn wie soll man loben, wenn man die Lage gerade nicht lobenswert findet? Doch Gott zu loben heißt nicht, auch noch dankbar zu sein für eine unbefriedigende Situation. Gotteslob bringt die Freude am Dasein überhaupt zum Ausdruck, unabhängig von der eigenen Befindlichkeit und den eigenen Ansprüchen.

EXERZITIUM

Wenn ich in mir ein Gefühl der Unzufriedenheit spüre, notiere ich mir auf einem Zettel, warum ich dieses Gefühl habe. Auf der Rückseite schreibe ich auf, was mein Leben schön macht. Für eine gewisse Zeit lasse ich den Zettel mit der Oberseite liegen und lege so meine Unzufriedenheit vor Gott. Dann wende ich den Zettel und meditiere die Freude am Dasein.

Verbindung

*Brüder, die auf Reisen geschickt werden, sollen sich
dem Gebet aller Mitbrüder und des Abtes
empfehlen. Stets gedenke man beim letzten Gebet im
Abendgottesdienst aller Abwesenden.*

AUS DER BENEDIKTSREGEL

Im Zeitalter von Handy und Internet scheint diese Anweisung auf anderem Wege erfüllt zu sein: Die Abwesenheit des anderen ist durch die Möglichkeit digitaler Vernetzung kein Grund mehr für Sorge und Angst. Zu Zeiten des heiligen Benedikt hingegen waren Reisen belastend und gefährlich und konnten einen Mönch leicht von seinem Lebensweg abbringen. Heute ist das Reisen ungefährlicher und moderne Kommunikationsmittel ermöglichen es, auch unterwegs miteinander verbunden zu bleiben.

Es gibt aber noch eine andere Art der Verbundenheit, nämlich sich Zeit zu nehmen, an den anderen zu denken und ihn mit guten Gedanken zu begleiten. Die Benediktsregel schlägt das Gebet für die Abwesenden nicht nur deshalb vor, weil es damals keine SMS gab. Vielmehr tritt so ins Bewusstsein, dass die Klostergemeinschaft nur komplett ist, wenn auch die Reisenden im Geiste präsent sind. So wird deutlich, dass die Gemeinschaft auch über Zeiten und Räume hinweg verbunden ist. Für Benedikt ist der eigentliche Verbindungsdraht der Geist Gottes.

Gelingt uns heute eine tiefere Verbindung mit Menschen, die zu unserem Leben gehören, unabhängig davon, ob wir gerade mit ihnen kommunizieren oder nicht?

EXERZITIUM

Beim Schreiben einer SMS oder einer E-Mail versuche ich mit guten Gedanken beim Empfänger der Nachricht zu verweilen. Bei einer anderen Gelegenheit verzichte ich bewusst auf eine elektronische Botschaft und nehme mir Zeit, für den anderen Menschen zu beten.

Versöhnung

*Nach einem Streit vor Sonnenuntergang zum
Frieden zurückkehren.*

AUS DER BENEDIKTSREGEL

Bei den Benediktinern folgt nach Sonnenuntergang das Nacht-
gebet und anschließend das große Schweigen bis zum Beginn
des neuen Tages. In diesem Gebet zum Ende des Tages wird auf
das Ende des Lebens Bezug genommen. Niemand soll unver-
söhnt den Tag oder gar das Leben beenden, Streit soll nicht das
Schweigen der Nacht belasten.

Jeder Mensch weiß, wie schwierig es nach einem heftigen Streit
ist, mir nichts dir nichts Frieden zu schließen. Aber könnte es
nicht möglich sein, vor der Schlafenszeit wenigstens ein kleines
Zeichen der Versöhnung auszusenden? Dabei muss man nicht
so tun, als sei nichts geschehen. Aber ein noch so kleines Zeichen der Versöhnung kann das entscheidende Vorzeichen für
die Nacht sein. Die Fantasie, die in der Stille ihre besonderen
Blüten treibt, wird nicht mehr damit beschäftigt sein, zu überle-
gen, welche bösen Worte man dem anderen am liebsten ins Ge-
sicht schleudern würde und wie man ihn am besten abstrafen
könnte.

Bei aller Schwierigkeit ist es ein großartiger Grundsatz, nach einem Streit Kinder nicht ohne Gute-Nacht-Kuss ins Bett zu schi-
cken oder sich von Freunden zu trennen, ohne sich die Hand
gereicht zu haben – auch wenn das Thema des Streites zu einem
späteren Zeitpunkt noch ausdiskutiert und um eine Lösung ge-
rungen werden muss.

EXERZITIUM

Ich nehme mir beim nächsten Streit vor, noch vor dem Schlafen-
gehen eine Geste der Versöhnung auszusenden und darum zu
beten, dass Versöhnung gelingen möge.

Vorbilder

*Die Schwestern, die außerhalb des Klosters einen
Dienst verrichten, sollen nicht lange ausbleiben,
wenn es nicht eine offenbare Notwendigkeit verlangt.
Und sie sollen anständig auftreten und wenig reden,
damit sie alle, von denen sie gesehen werden, immer
zu erbauen vermögen.*

AUS DER KLARAREGEL

Eine Ordensschwester fällt schon aufgrund ihrer Kleidung in der Öffentlichkeit auf. Wie sie sind auch wir bestimmten Erwartungen ausgesetzt. Je nach Alter, Geschlecht, Beruf, sozialer Rolle und so fort wird manches Verhalten von uns erwartet, anderes dagegen ausgeschlossen. Ein unkonventionelles Auftreten muss nicht unbedingt negativ sein. Warum sollte etwa eine Nonne ihre Freude nicht durch einen ausgelassenen Tanz zum Ausdruck bringen?

Was auch immer wir tun, wir sind stets auch Vorbilder für andere, selbst wenn es uns nicht bewusst sein sollte. Als Kriterium für das richtige Verhalten nennt die heilige Klara, andere zu erbauen. Aufbauen bedeutet in diesem Fall, Hoffnung und Halt zu geben, einen Plan und Strukturen aufzuzeigen und Lebensräume zu eröffnen. Kann man auf mich bauen und mir vertrauen?

EXERZITIUM

Wenn ich an die Menschen denke, mit denen ich zu tun habe, fallen mir sicherlich solche ein, für die ich eine wichtige Bezugsperson bin und die sich an mir orientieren. Durch welches Verhalten werde ich meinem Vorbildcharakter gerecht?

Wertschätzung

Da die Brüder oft dazu bestimmt sind, in einem Umfeld oder in Ländern zu leben, die nicht die ihren sind, werden sie sich anstrengen, die menschlichen und religiösen Werte zu verstehen und zu schätzen, die von ihren Freunden gelebt werden im Wissen darum, dass der Heilige Geist im Herzen eines jeden von ihnen wirkt.

Die Brüder werden diese Anstrengung im Verständnis der anderen gemäß ihren Möglichkeiten unternehmen, indem sie die Sprache lernen sowie die Geschichte und die Kultur dieser Milieus. Sie werden es im Geist der Einfachheit tun, ohne je das Ziel aus den Augen zu verlieren, besser in der Welt der Armen zu kommunizieren.

AUS DER REGEL DER KLEINEN BRÜDER

Über die Frage der Mission gab es in den Gemeinschaften der Kleinen Brüder und Schwestern eine große Auseinandersetzung. Sollte man nur mit dem Leben Zeugnis für Jesus Christus ablegen oder auch durch das aktiv gesuchte Gespräch? Die Grundüberzeugung, dass »Gott vor dem Missionar« kommt, teilen alle. Weil Gott schon bei den anderen ist, unter denen die Brüder oder Schwestern leben, ist es wichtig, deren Geschichte und Kultur möglichst genau und vorbehaltlos kennenzulernen. Nicht nur die Missionsgeschichte der Kirche, sondern überhaupt die westliche Kultur und Politik neigen zur Besserwisserei. Die Regel der Kleinen Brüder hingegen empfiehlt, den anderen möglichst gut in seiner Geschichte verstehen zu wollen. Die humanistische Psychologie hat deutlich herausgearbeitet, wie wichtig die Wertschätzung für ein fruchtbares Gespräch ist. Ein solches Gespräch auf Augenhöhe ist das Ziel dieser Regel. Das dabei verwendete französische Wort »communier« ist dasselbe wie für den Empfang der Kommunion in der Eucharistiefeier. Wer wirklich kommuniziert, kann dies nur in gegenseitiger Wertschätzung tun.

EXERZITIUM

Ich versuche eine Gruppe oder eine einzelne Person, deren Verhalten auf mich fremd wirkt, besser zu verstehen, indem ich in einer wertschätzenden Grundhaltung mehr über ihre Geschichte und ihre Prägungen herausfinde.

Wissensdurst

*Hört während der gesamten Mahlzeit aufmerksam
den üblichen Lesungen zu, ohne euch darüber zu
empören oder zu streiten. Denn ihr sollt nicht nur
mit dem Mund euren Hunger stillen, sondern auch
eure Ohren sollen hungern nach dem Wort Gottes.*

AUS DER AUGUSTINUSREGEL

»Der Mensch lebt nicht nur von Brot, sondern von jedem Wort, das aus Gottes Mund kommt« (Mt 4,4). Diese Einsicht Jesu wird im Kloster ernst genommen. Während an den Tischen der Hunger des Leibes gestillt wird, gibt es in der Form der geistlichen Lesung auch Nahrung für die Seele. Für was im Kloster gesorgt ist, das müssen wir selbst organisieren und uns den Tisch des Wortes selber decken. Nahrung nehmen wir täglich zu uns, aber wie oft lesen wir ein Buch?

Bücher erschließen uns die Wirklichkeit indem sie uns an den Erfahrungen anderer teilhaben lassen. Sie ermöglichen, dass wir uns ganz in eine fremde Welt versenken und Abstand vom Alltag gewinnen. Sie regen unsere Phantasie und das Nachdenken über Gott und die Welt an. Lesen kann so eine Form der Meditation sein. Prinzipiell kommt dafür nicht nur religiöse Literatur in Frage, sondern auch gehaltvoller Lesestoff anderer Art.

EXERZITIUM

Womit möchte ich mich beschäftigen, was tut meinem Geist gut? Ich wähle ein entsprechendes Buch und nehme mir Zeit dafür.

Würde

*Lebt zusammen wie ein Herz und eine Seele und
ehrt gegenseitig Gott in euch, denn ihr seid alle
Gottes Tempel geworden.*

AUS DER AUGUSTINUSREGEL

Gott wohnt in dir, du bist sein Tempel. Ein ungeheurer Satz, eine fast unglaubliche Vorstellung. Wie in einem Heiligtum, so findet sich in uns das Bild Gottes, nach dem wir geschaffen sind. Als Gottes Ebenbild hat jeder Mensch eine unverlierbare Würde und verdient Respekt. Als Kinder Gottes sind wir alle Geschwister und miteinander verbunden. Darum nennen sich Ordensleute auch »Schwester« und »Bruder«. Gott hat es nicht als unter seiner Würde angesehen, selbst Mensch zu werden und unter uns zu wohnen. Nichts ehrt uns Menschen mehr, stellt uns aber auch vor die große Aufgabe, in uns und in den Mitmenschen Gott zu suchen. Jesus selbst war ein Meister darin. Er hat sich gerade den Armen, Kranken und Ausgestoßenen zugewendet, bei ihnen fühlte er sich Gott besonders nah. Auch wenn es manchmal schwer zu glauben ist, aber in jedem Menschen findet sich das Göttliche.

EXERZITIUM

Ich meditiere das Bild vom Tempel Gottes, der ich selbst bin. In der Stille, vielleicht in einer Kirche und mit geschlossenen Augen, sehe ich mich selbst als eine prachtvolle Kathedrale. In ihr strahlt das helle Licht Gottes. Es durchdringt mich. Es erleuchtet auch die dunklen Ecken in mir. Es gibt mir Kraft und Zuversicht. Es schenkt mir unendliche Würde.
Ich mache mir bewusst, dass diese Würde in jedem anderen Menschen steckt. Wie auch immer sie nach außen wirken, ich weiß um das Göttliche in ihnen.

Die Ordensregeln

BASILIUSREGEL

Basilius (330–379 n.Chr.) mit dem Beinamen »der Große« stammt aus Kappadokien (Anatolien), war hochgebildet und einer der bedeutenden Theologen der frühchristlichen Kirche. Er fühlte sich nach seiner Taufe mit 27 Jahren zu einem genügsamen und zurückgezogenen Leben berufen. Später versammelte er verstreut lebende Asketen zu einer klösterlichen Gemeinschaft. Neben Gebet, Arbeit und Verzicht legte er besonderen Wert auf das Studium der Bibel. Auch nachdem er Bischof geworden war, blieb er seinem bescheidenen Lebensstil als Mönch treu.

Die Basiliusregel, eine Sammlung verschiedenster Texte, lässt noch erkennen, dass es zu jener Zeit keine klare Trennung zwischen einem christlichen Leben in der Welt und im Kloster gab. Vielmehr verstand sich diese Regel als eine Art Handreichung für Menschen, die in ihrem Alltag nach dem Evangelium zu leben versuchten. Sie wurde zur Grundlage des orthodoxen Mönchtums, beeinflusste aber auch im Westen die Regel des Benedikt von Nursia, der Basilius zu den großen Autoritäten des Mönchslebens zählte.

AUGUSTINUSREGEL

Die Augustinusregel wurde von Bischof Augustinus (354–430) verfasst. Er war einer der bedeutendsten Kirchenlehrer im Übergang von der Antike zum Mittelalter. Durch seine Autobiografie

»Bekenntnisse« sind wir gut über ihn informiert. Der Nordafrikaner wurde von seiner Mutter Monika im christlichen Glauben erzogen. Sein ausführliches Studium und sein freizügiger Lebenswandel brachten ihn allerdings in Konflikt mit dem Christentum. Zeitweise gehörte er der Sekte der Manichäer an. Nach einer Lebenskrise und der Begegnung mit dem Mailänder Bischof Ambrosius fand er zum christlichen Glauben zurück und empfing die Taufe. Er ließ sich in der algerischen Stadt Hippo nieder, deren Bischof er später wurde. Dort gründete er mit Freunden eine klösterliche Gemeinschaft und gab dieser eine eigene Regel.

Die Augustinusregel stand lange im Schatten der Regel des Benedikt von Nursia. Im Hochmittelalter kam sie zu neuen Ehren und wurde von einigen der damals entstehenden Bettelorden übernommen, so durch die Dominikaner und die Augustiner-Eremiten. Auch Priestergemeinschaften, etwa Stiftsherren, die Augustiner-Chorherren und die Prämonstratenser, schlossen sich ihr an. Sie ist in verschiedenen Fassungen überliefert.

BENEDIKTSREGEL

Benedikt von Nursia (ca. 476–547) stammt aus der Nähe von Rom. Er hatte sich früh entschieden, Mönch zu werden, und lebte als Einsiedler. Da sich bald Schüler um ihn sammelten, wurde er zum Leiter verschiedener klösterlicher Gemeinschaften. Seine Regel ist die berühmteste aller Ordensregeln. Doch Benedikt hatte das Klosterleben nicht erfunden. Es existierte schon eine reiche Tradition und Kultur des mönchischen Lebens, besonders im christlichen Osten. Benedikt griff diese Traditionen auf und übersetzte sie in die westliche Kultur. Er reicherte sie mit praktischen Erfahrungen aus dem Klosteralltag an. Das machte seine Regel zur lebensnahen Grundlage der Klöster der Benediktiner, Zisterzienser und Trappisten.

Das Ineinander von Gebet und Arbeit, später auf die Formel »ora et labora« gebracht, sowie die Bedeutung des Schweigens und der Demut kennzeichnen die Benediktsregel. Sie will Orientierung für ein maßvolles Leben geben. Die menschlichen Schwächen werden realistisch gesehen. Aber die Regel appelliert auch an die Stärken und Entwicklungsmöglichkeiten des Menschen. Der Abt als Vater der Klostergemeinschaft nimmt einen besonderen Platz ein.

FRANZISKUSREGEL

Franz von Assisi (1182–1226) hatte nicht geplant, einen neuen Orden zu gründen. Seine Gemeinschaft, die nach ihm benannten Franziskaner, war aus dem Leben geboren. Immer mehr Gefährten schlossen sich Franziskus und seiner eigenwilligen Lebensweise an, sodass es notwendig wurde, eine Regel für sie zu verfassen. Beim ersten Entwurf stellte Franziskus schlicht Worte aus der Bibel zusammen, die für seine Art, Jesus Christus nachzufolgen, wichtig waren. Wegen des rasanten Wachstums der Ordensgemeinschaft mussten weitere praktische Hinweise hinzugefügt werden. Doch blieb die Regel immer noch ein knapper Text, über dem ein Hauch von Poesie schwebte und der den Geist dieses charismatischen Menschen atmete. Später musste er eine weitere, systematische und stärker gesetzlich geprägte Regel verfassen.

Die in diesem Buch zitierten Auszüge stammen aus der ersten schriftlich überlieferten Regel. Anders als bei Benedikt wird hier nicht der Alltag in der Gemeinschaft beschrieben. Vielmehr geht es Franziskus darum, seinen Lebensentwurf darzustellen.

Die eigene Armut und Demut ist dabei grundlegend, ebenso die Auffassung, dass sich alle Mitglieder seiner Gemeinschaft als Brüder ansehen sollen. Mit der Radikalität dieser Regel hatten die Franziskaner oft zu kämpfen, da es schwierig blieb, sie im wörtlichen Sinn zu leben.

KLARAREGEL

Klara von Assisi (1193/94–1253) erhielt bald, nachdem sie sich Franziskus und seiner Bewegung angeschlossen hatte, von diesem eine erste eigene Lebensweisung. Diese ging später in der von ihr selbst verfassten Regel auf. Zunächst wurden den Klarissen aber andere Ordnungen vorgeschrieben. Sie enthielten nicht die für Klara so wichtige Vorschrift der Armut. Klara kämpfte daher für ihre eigene Ordensregel. Der Papst genehmigte diese schließlich. Die Bestätigungsurkunde, die ihr am Tag vor ihrem Tod noch ans Sterbebett gebracht wurde, küsste sie überglücklich.

Es ist die erste von einer Frau verfasste Ordensregel. Sie betont die Gleichwertigkeit der Schwestern und die gemeinsame Verantwortung für ihr Kloster. Damit schuf Klara ein Gegengewicht zum Amt der Äbtissin, das ihr gegen ihren Willen übertragen worden war. Auch in ihrem Herzensanliegen konnte sie sich durchsetzen und das »Privileg der Armut« in ihrer Regel absichern.

SATZUNGEN DER
GESELLSCHAFT JESU

Ignatius von Loyola (1491–1556) war der Gründer der Gesellschaft Jesu, die besser unter dem Namen »Jesuiten« bekannt ist. Ignatius verzichtete auf das gemeinsame Chorgebet, auf asketische Übungen und Ordensgewand, um die Ordensmitglieder ganz für die Seelsorge freizustellen.

Besonders bedeutsam sind die Exerzitien, die geistlichen Übungen, die durch Ignatius in einer systematischen Weise verfasst und praktiziert wurden. Geistliches Leben ist für ihn eine Art Training, was sich auch in den Konstitutionen niederschlägt. Ihm geht es um Motivation, Fortschritt und Bewährung. Auch das Studium spielt eine wesentliche Rolle. Die Umkehr, die er selbst in seinem Leben erfuhr, ist ein ebenso wichtiges Thema wie die volle Verfügbarkeit für Glaube und Kirche.

REGEL DER KLEINEN BRÜDER JESU

Die Gemeinschaften der Kleinen Brüder und Kleinen Schwestern gehen auf Charles de Foucauld (1858–1916) zurück, der selbst eine Zeit lang in einem Kloster lebte, dieses aber wieder verließ, um seiner eigenen Berufung zu folgen. Diese sah er darin, mitten in der Welt unter den Armen zu leben und die Liebe Christi zu bezeugen. Er hatte sich zeit seines Lebens eine geistliche Gemeinschaft gewünscht und dafür auch Regelentwürfe angefertigt. Doch erst nach seinem Tod gründeten sich verschiedene Gemeinschaften in seinem Geist.

Die Kleinen Schwestern und Brüder Jesu führen ein schlichtes Leben unter den Armen, leben deshalb als kleine Gemeinschaften in Mietwohnungen und üben einfache Tätigkeiten aus. Sie nehmen sich Zeit, gründlich die Situation der Menschen kennenzulernen. Sie stellen das Lebenszeugnis über das Zeugnis des Wortes. Ihre Regel atmet einen Geist der Herzlichkeit, der Einfachheit und der Weite.

REGEL VON TAIZÉ

Die Gemeinschaft von Taizé gehört zu den bedeutendsten Gründungen des 20. Jahrhunderts. Roger Schutz (1915–2005) war mitten im Zweiten Weltkrieg in den winzigen burgundischen Ort Taizé gekommen, wo er mit einer kleinen Schar von Gefährten eine geistliche Gemeinschaft ins Leben rief.

Die erste einfache Regel verfasste Frère Roger 1940. Die vollständige Regel erschien 1962. Sie ist knapp gehalten und beschreibt den Geist des gemeinschaftlichen Lebens. Im Unterschied zu den Regeln der traditionellen Orden ist die Freiheit ein wichtiges Stichwort. Ihre Hauptberufung sieht die Gemeinschaft von Taizé im Dienst an der Versöhnung. Die Gemeinschaft, in der Christen aus verschiedenen Konfessionen und Kulturen im Geist der Ökumene zusammenleben, will dafür selbst ein Beispiel sein.

NACHWEIS
Außer der »Regel von Taizé« wurden die Regeltexte von Michael Schindler und Oliver Schütz ins Deutsche übertragen.
»Regel von Taizé« (1962), Frère Roger hat die Regel später mehrfach überarbeitet. © Ateliers et Presses de Taizé; F-71250 Taizé-Communauté

Texte aus der Regel der Kleinen Brüder © Kleine Brüder vom Evangelium, Leipzig

Stille finden

Klosterführer
Christliche Stätten der Besinnung
im deutschsprachigen Raum
Neuausgabe

Format 12 x 20,5 cm
276 Seiten
Paperback
mit herausnehmbarer Landkarte
ISBN 978-3-7867-2768-2

Dieses Standardwerk ist seit vielen Jahren all jenen ein wertvoller Begleiter, die in geistlicher Umgebung, nicht selten auch in reizvoller Landschaft, einige Stunden oder Tage der Ruhe und Einkehr suchen.

Die aktualisierte Neuausgabe berücksichtigt rund 200 katholische Klöster und evangelische Gemeinschaften im deutschsprachigen Raum, nennt Adresse und Anfahrtsweg, Geschichte, Sehenswürdigkeiten, Gottesdienstzeiten, Unterkunftsmöglichkeiten, besondere Angebote und vieles mehr.

Matthias-Grünewald-Verlag
der Schwabenverlag AG
www.gruenewaldverlag.de